Reprint Publishing

FÜR MENSCHEN, DIE AUF ORIGINALE STEHEN.

www.reprintpublishing.com

ns Briefwechsel
mit
Freiherrn von Schleinitz

Bismarcks Briefwechsel

mit dem Minister

Freiherrn von Schleinitz

1858—1861

Stuttgart und Berlin 1905
J. G. Cotta'sche Buchhandlung Nachfolger

Alle Rechte vorbehalten

Druck der Union Deutsche Verlagsgesellschaft in Stuttgart

Vorwort

Aus dem Briefwechsel Bismarcks mit dem preußischen Minister des Auswärtigen Freiherrn von Schleinitz waren bisher nur vier Briefe Bismarcks bekannt, die im zweiten Bande des Anhangs zu den „Gedanken und Erinnerungen" abgedruckt sind.

Inzwischen haben sich weitere achtundvierzig bis jetzt unbekannte Briefe von Bismarck an Schleinitz vorgefunden, die nunmehr der Öffentlichkeit übergeben werden. Sie stammen aus Bismarcks letzter Frankfurter Zeit und aus seinen Petersburger Jahren. Ihr Inhalt ist höchst bedeutungsvoll und bildet eine neue wichtige Ergänzung der „Gedanken und Erinnerungen".

Zur Vervollständigung wurden auch die bereits bekannten Briefe von Schleinitz wieder mit abgedruckt.

Die Verlagshandlung

Inhalt

		Seite
1.	Minister v. Schleinitz an Bismarck, 7. November 1858	1
2.	Bismarck an Minister v. Schleinitz (undatirt)	1
3.	Bismarck an Minister v. Schleinitz, 9. November 1858	2
4.	Minister v. Schleinitz an Bismarck, 13. November 1858	7
5.	Minister v. Schleinitz an Bismarck, 9. Januar 1859	8
6.	Bismarck an Minister v. Schleinitz, 4. April 1859	9
7.	Bismarck an Minister v. Schleinitz, 28. April 1859	10
8.	Bismarck an Minister v. Schleinitz, 12. Mai 1859	11
9.	Bismarck an Minister v. Schleinitz, 20. 21. Mai 1859	18
10.	Bismarck an Minister v. Schleinitz, 22. Mai 1859	24
11.	Bismarck an Minister v. Schleinitz, 30. Mai 1859	30
12.	Bismarck an Minister v. Schleinitz, 11. Juni 1859	35
13.	Bismarck an Minister v. Schleinitz, 18. Juni 1859	37
14.	Minister v. Schleinitz an Bismarck, 24. Juni 1859	38
15.	Bismarck an Minister v. Schleinitz, 9. Juli 1859	41
16.	Bismarck an Minister v. Schleinitz, 25. September 1859	44
17.	Minister v. Schleinitz an Bismarck, 29. September 1859	46
18.	Bismarck an Minister v. Schleinitz, 8. Oktober 1859	48
19.	Bismarck an Minister v. Schleinitz, 12. Oktober 1859	50
20.	Bismarck an Minister v. Schleinitz, 19. Dezember 1859	51
21.	Bismarck an Minister v. Schleinitz, 29. Dezember 1859	54
22.	Minister v. Schleinitz an Bismarck, 31. Dezember 1859	55
23.	Bismarck an Minister v. Schleinitz, 9. Februar 1860	58
24.	Bismarck an Minister v. Schleinitz, 4. April 1860	62
25.	Bismarck an Minister v. Schleinitz, 9. April 1860	63
26.	Bismarck an Minister v. Schleinitz, 9. Juni 1860	64
27.	Bismarck an Minister v. Schleinitz, 14. Juni 1860	66
28.	Bismarck an Minister v. Schleinitz, 24. Juni 1860	69
29.	Minister v. Schleinitz an Bismarck, 25. Juni 1860	72
30.	Bismarck an Minister v. Schleinitz, 21. Juli 1860	76

Inhalt

	Seite
31. Bismarck an Minister v. Schleinitz, 27. Juli 1860	80
32. Minister v. Schleinitz an Bismarck, 3. August 1860	81
33. Bismarck an Minister v. Schleinitz, 9. August 1860	85
34. Bismarck an Minister v. Schleinitz, 11. August 1860	89
35. Bismarck an Minister v. Schleinitz, 23. August 1860	92
36. Bismarck an Minister v. Schleinitz, 6. September 1860	95
37. Bismarck an Minister v. Schleinitz, 8. September 1860	97
38. Bismarck an Minister v. Schleinitz, 15. September 1860	100
39. Minister v. Schleinitz an Bismarck, 21. September 1860	103
40. Bismarck an Minister v. Schleinitz, 5. Oktober 1860	105
41. Bismarck an Minister v. Schleinitz, 9. 10. November 1860	108
42. Bismarck an Minister v. Schleinitz, 20. November 1860	112
43. Bismarck an Minister v. Schleinitz, 30. November 1860	115
44. Minister v. Schleinitz an Bismarck, 30. November 1860	120
45. Bismarck an Minister v. Schleinitz, 10. Dezember 1860	122
46. Bismarck an Minister v. Schleinitz, 10. Dezember 1860	125
47. Bismarck an Minister v. Schleinitz, 21. Dezember 1860	129
48. Minister v. Schleinitz an Bismarck, 25. Dezember 1860	131
49. Bismarck an Minister v. Schleinitz, 2. Januar 1861	135
50. Bismarck an Minister v. Schleinitz, 30. Januar 1861	137
51. Bismarck an Minister v. Schleinitz, 2. Februar 1861	143
52. Minister v. Schleinitz an Bismarck, 14. Februar 1861	143
53. Minister v. Schleinitz an Bismarck, 5. März 1861	145
54. Bismarck an Minister v. Schleinitz, 13. März 1861	146
55. Bismarck an Minister v. Schleinitz, 13. März 1861	151
56. Bismarck an Minister v. Schleinitz, 6. April 1861	156
57. Bismarck an Minister v. Schleinitz, 7. April 1861	161
58. Bismarck an Minister v. Schleinitz, 12. April 1861	162
59. Bismarck an Minister v. Schleinitz, 12. April 1861	164
60. Bismarck an Minister v. Schleinitz, 17. April 1861	165
61. Bismarck an Minister v. Schleinitz, 3. Mai 1861	168
62. Bismarck an Minister v. Schleinitz, 6. Mai 1861	171
63. Bismarck an Minister v. Schleinitz, 15. Mai 1861	173
64. Bismarck an Minister v. Schleinitz, 15. Juni 1861	176
65. Minister v. Schleinitz an Bismarck, 21. Juni 1861	179
66. Bismarck an Minister v. Schleinitz, 28. Juni 1861	182

1*).
Minister v. Schleinitz an Bismarck.

Seine Königliche Hoheit der Prinz-Regent haben allergnädigst geruht, mich an Stelle Seiner Excellenz des Herrn Freiherrn von Manteuffel zum Staats- und Minister der auswärtigen Angelegenheiten zu ernennen.

Indem ich Eure Hochwohlgeboren hiervon ergebenst in Kenntniß zu setzen mich beehre, spreche ich die Hoffnung aus, durch Ihre gütige Mitwirkung in den Stand gesetzt zu werden, dem Allerhöchsten Vertrauen in der Verwaltung des mir anvertrauten Postens zu entsprechen, und ersuche Eure Hochwohlgeboren, die Depeschen-Berichte ec. fortan unter meiner Adresse hierher einzusenden.

Empfange Eure Hochwohlgeboren bei diesem Anlasse die Versicherung meiner ausgezeichneten Hochachtung.

Berlin, den 7ten November 1858.   Schleinitz.

2**).
Bismarck an Minister v. Schleinitz.

Eurer Excellenz
hohen Erlaß, die Uebernahme der Geschäfte des Ministeriums der auswärtigen Angelegenheiten betreffend, habe ich heut zu erhalten die Ehre gehabt. Mit meinem Danke für die geneigte

---

*) Erstmals veröffentlicht im „Anhang zu den Gedanken und Erinnerungen von Otto Fürst v. Bismarck" Bd. II, S. 278.
**) Ebendaselbst, S. 279.

Mittheilung verbinde ich meinen ehrerbietigen Glückwunsch und die Versicherung, daß ich jederzeit bemüht sein werde, das Vertrauen, welches Hochderselben geehrtes Schreiben ausspricht, zu rechtfertigen und mir zu erhalten. Bei dem Wohlwollen, welches Eure Excellenz mir bisher gewährt haben, und aus dem Bewußtsein meines regen Eifers für den Königlichen Dienst darf ich die Hoffnung schöpfen, daß Hochdieselben meine amtlichen Leistungen mit Nachsicht beurtheilen werden.

Mit ꝛc.

v. Bismarck.

3.
Bismarck an Minister v. Schleinitz.

Frankfurt, 9. November 1858.

Ew. Excellenz

wollen mir geneigtest gestatten, dem anliegenden Schreiben einige Zeilen als Privatbrief beizufügen, und damit die Erlaubniß zu fortgesetzten Mittheilungen in dieser Form für solche Gegenstände zu erbitten, welche mir von Interesse zu sein scheinen, ohne sich zu einer actenmäßigen Behandlung zu eignen.

Zunächst erlaube ich mir nur den Eindruck zu beschreiben, welchen unsere Ministerial-Veränderung prima facie auf meine Collegen gemacht hat. Derselbe gewährt immerhin Materialien zur Beurtheilung des Standpunktes dieser Herren und theilweis ihrer Regirungen. Durchgehend ist die für das Preußische National-Gefühl befriedigende Wahrnehmung, wie der politische Boden Deutschlands jede Bewegung empfindet, die Preußen macht um sich zu einer positiven und selbstständigen Action zu erheben. In einem Memoire, welches ich im vorigen Winter Sr. K. H. dem Prinzen-Regenten vorlegte, und in welchem ich eine, für den Allerhöchsten Gebrauch vielleicht zu weitschweifige Topographie des hiesigen Terrains zu geben versuchte, sprach ich die Zuversicht aus, daß es jederzeit in unsrer Hand liege, durch Anschlagen des richtigen Tones in unsrer inneren Politik, die uns gebührende Stellung am Bunde wiederzugewinnen, und zugleich die Mittel, um Oestreich zu einer für uns annehmbaren Verständigung zu bewegen. Daß wir auf dem Wege dazu sind, wird mir durch die veränderte Haltung meiner Collegen bestätigt, welche keine Spur mehr von der anmaßlichen Doctrin durchfühlen läßt, daß unsre Geltung in der Formel von Einer Stimme unter 17 bundesmäßig ihren erschöpfenden Ausdruck fände. Seit meiner Rückkehr aus Berlin sind die dortigen Ereignisse ganz ausschließlich der Gegenstand, welcher die Gemüther beschäftigt, jeden nach seiner Weise. Graf Rechberg*) ist beunruhigt; er sprach mir die Befürchtung aus, daß Graf Buol**) den Fehler begehen werde, sich „mit Preußen auf einen Wettlauf im Liberalismus am Bunde" einzulassen; er, Rechberg, werde sich aber nicht dazu hergeben, die Rolle seiner Vorgänger Colloredo und Schmerling zu spielen, sondern zur rechten Zeit seinen Abschied nehmen. Auf meine Bemerkung, daß von unsrer Regierung schwerlich die Gelegenheit zu einem solchen Wettlauf werde gegeben werden, erwiederte er, daß wir die Sache nicht würden halten können; die Kammern würden die Regirungen fortreißen, die Aufregung verbreite sich schon jetzt über ganz Deutschland, besonders aus Baiern habe er die übelsten Nachrichten; die Hauptgefahr liege zunächst in dem Charakter des Grafen Buol, der der Versuchung nicht widerstehen werde, das Rivalisiren mit Preußen um die Gunst der öffentlichen Meinung auch auf dem gefährlichsten Gebiete fortzusetzen. Ich bemerke dazu, daß Rechberg seinen Chef weder liebt, noch bewundert und überhaupt seine Mißbilligung mit der östreichischen Politik seit dem Tode Schwarzenbergs gegen

---

*) Graf Rechberg, Oesterreichischer Präsidial-Gesandter am Deutschen Bunde.
**) Graf Buol, Oesterreichischer Minister-Präsident.

seine Vertrauten oft ausgesprochen hat; besonders tadelt er Oestreichs Haltung in der orientalischen Frage. Er ist für ein Bündniß Oestreichs mit Rußland, und, wenn es sein kann, mit Frankreich; als man im vorigen Jahre, zur Zeit der Zusammenkünfte in Stuttgart und Weimar die Aussöhnung der beiden östlichen Kaiserhöfe und den Rücktritt Buols für wahrscheinlich ansah, sprach Rechberg selbst von seiner eigenen Ernennung zum Minister für diesen Fall zu mir und Andern, als von einer sichern Sache. Characteristisch ist an ihm die stete und aufgeregte Sorge vor revolutionären Umtrieben und Ausbrüchen, die ihn namentlich veranlaßt den fremden Diplomaten am Bunde ganz falsche Vorstellungen von der Unsicherheit der Zustände in Deutschland beizubringen. Insbesondere hat er den hiesigen Vertreter Frankreichs mit solchen Schilderungen der Gefahren die uns umgeben, geängstigt, und derselbe ist voller Besorgniß in Betreff der Ruhe Europas „falls in Preußen das constitutionelle System ernstlich reactivirt würde", nachdem die Weisheit der continentalen Cabinette, wie er sagt, dasselbe auf Belgien und Piemont eingeschränkt hätte. Mit ungemischter Befriedigung haben dagegen meine Collegen für Oldenburg und für die sächsischen Herzogthümer die Nachrichten aus Berlin entgegengenommen. Sie erwarten eine Wiederaufnahme der deutschen National-Politik unter Preußischer Führung, und zwar der Herr von Fritsch*), als ein sicherer und erprobter Anhänger Preußens, der Herr von Eisendecher**) mit leicht erregbarem und flüchtigem Enthusiasmus, indem er von der neuen Regirung die Lösung aller Cirkel-Quadraturen der deutschen Politik nunmehr baldigst erhofft. Ganz anders denkt sich der würtembergische Gesandte***) die Aufgabe, welche das neue

---

*) Frhr. von Fritsch, Gesandter der Sächsischen Herzogthümer am Deutschen Bunde.
**) v. Eisendecher, Gesandter für Oldenburg am Deutschen Bunde.
***) v. Reinhard.

Cabinet sich gestellt habe; er sieht eine wesentliche Steigerung des Einflusses der mittelstaatlichen Regirungen auf Preußen voraus; das Wohlwollen jener zu gewinnen, sieht er als das nächste nothwendige Ziel unsrer Bestrebungen an, und, wie er überhaupt mehr von den äußeren Formen als von dem Inhalt der Geschäfte berührt wird, so äußert er insbesondere die Hoffnung, daß der herbe und anspruchsvolle Ton verschwinden werde, von dem er behauptet, daß die Forderungen Preußens an kleinere Staaten in allen Zoll-Vereins-, Eisenbahn- und sonstigen nachbarlichen Angelegenheiten bisher begleitet gewesen seien. Die Auffassungen der übrigen Collegen, für die Stimmen von Baiern bis Mecklenburg, einschließlich des Ministers von Dalwigk*) der mich vorgestern aufsuchte, sind im Wesentlichen mit einander gleichartig. Mit mehr oder weniger Vorsicht sprechen sie ihr Mißvergnügen über die eingetretene Wendung aus, und ihre Befürchtungen, mit denen sie in die Zukunft blicken; insoweit sie mir gegenüber ihren Besorgnissen Ausdruck gaben, habe ich sie natürlich zu beruhigen gesucht; unumwundener sind die Expectorationen, über welche mir Herr von Scherff**) gelegentlich Mittheilung macht, der sich stets als ein sichrer und nützlicher Beistand für unsere Gesandtschaft bewährt hat, aber auch, wie ich zur Beurtheilung seiner Nachrichten bemerke, von der Ängstlichkeit angesteckt ist. Nach seinen und meinen Wahrnehmungen hat etwa folgende Anschauung unter jenen Herren einstweilen Geltung erlangt: das neue Ministerium wird ohne Zweifel mit conservativen und gemäßigten Absichten ans Werk gehen; es wird sich aber durch politische und persönliche Verhältnisse zum Bruch mit der bisherigen Rechten im Abgeordneten- wie Herrenhause gedrängt fühlen; wenn dieser Bruch vollzogen ist, so wird es seine Stütze ausschließlich in einer von links her zu zählenden Majorität

---

*) Frhr. von Dalwigk, Staatsminister in Darmstadt.
**) von Scherff, Bundestags-Gesandter für Luxemburg.

nehmen; auch diese Majorität wird Anfangs eine gemäßigte Haltung annehmen, vielleicht auch zu bewahren suchen; letzteres wird ihr aber, nach der Erfahrung aller parlamentarischen Körper in Deutschland, sobald sie sich ihrer Bedeutung bewußt werden, nicht gelingen. Durch Fractions-Rivalitäten, durch die Anforderungen der Presse, und vor Allem durch den Sporn, welchen der Preußische Landtag und die übrigen in Deutschland einander einsetzen werden, wird die Majorität nach links gleiten, und das Ministerium, wenn es Anlehnung an dieselbe behalten will, mit ihr. Der verstärkte Wiederhall, den die Bewegung Preußens in den übrigen deutschen Volksvertretungen und bei deren Wahlen findet, wird Krisen für die kleineren Regirungen hervorrufen. Ohnehin wird von dem neuen Cabinet die Belebung einer deutsch-nationalen Politik in der öffentlichen Meinung erwartet; auf diesem Gebiet aber „kann sich Preußen nicht rühren, ohne die Mittelstaaten und Östreich auf die Füße zu treten". Sie werden sich also eng an einander schließen, und dahin wirken müssen, daß Östreich, der gemeinsamen „Revolutions-Gefahr" gegenüber, seine Aussöhnung mit Rußland und weniger gespannte Verhältnisse zu Frankreich herbeiführe.

Dies ist ungefähr die Quintessenz der Elucubrationen, welche besagte bundestägliche Staatsmänner unter einander austauschen, und denen ich, soweit sie mir gegenüber vernehmbar werden, entgegenhalte, daß das ganze Raisonnement ein Gebäude von Wenn und Aber ist, und daß man der Entwicklung der Dinge Zeit lassen möge die unmotivirten Besorgnisse zu zerstreuen. Herr von Dalwigk sah so schwarz, daß er mich ernstlich fragte, ob wir denn glaubten, daß es ohne Rückwirkung auf uns bleiben werde, wenn in den kleineren Staaten die Demokratie zur Herrschaft gelange; seine wohldisciplinirte Kammer habe glücklicher Weise noch 4 Jahre hindurch zu fungiren; aber die Bairischen Wahlen würden zunächst ein sehr unglückliches Ergebniß liefern. Unter meinen deutschen Collegen ist namentlich der Kön. Sächsische Gesandte gewissermaßen Ton-Angeber für das mittelstaatliche Lager, wo man besonderes Vertrauen in seine Erfahrung und seine Einsicht setzt.

Ew. Excellenz werden es, wie ich hoffe, nicht ungütig aufnehmen, wenn ich in diesem, nur für Hochdero Kenntniß gemeinten Privatschreiben, mit rückhaltloser Objectivität die Art schildere, wie die Berliner Vorgänge sich für jetzt in dem hiesigen Mikrokosmos spiegeln, und darf ich nicht besonders accentuiren, daß meine Angaben auf ganz vertraulichen Mittheilungen beruhn, wie sie langjährige Collegialität mit sich bringt.

Von den geschäftlichen Angelegenheiten, selbst von der Holsteinschen, ist einstweilen wenig die Rede, da unsere heimischen Verhältnisse alles Interesse absorbiren.

Mit der ausgezeichnetsten Hochachtung verharre ich
Ew. Excellenz
gehorsamster
v. Bismarck.

4*).

Minister v. Schleinitz an Bismarck.

Eurer Hochwohlgeboren
säume ich nicht meinen verbindlichsten Dank abzustatten nicht blos für die freundlichen Worte, mit denen Sie mich in meiner neuen Stellung haben begrüßen wollen, sondern ganz insbesondere auch für die in Ihrem Privat-Schreiben vom 9. d. M. enthaltene, den Stempel äußerster Lebensfrische und Naturtreue an sich tragende Schilderung des Eindrucks, den unsere Ministerial-Veränderung auf den bundestäglichen Mikrokosmus hervorgebracht hat. Wäre man genöthigt, diesen Herrn die Richtigkeit ihrer Prämissen zuzugestehn, so ließe sich gegen die

---

*) Anhang zu den Gedanken und Erinnerungen von Otto Fürst v. Bismarck Bd. II, S. 280.

Logik der daraus gezogenen Consequenzen schwerlich viel einwenden. Ich hege das feste Vertrauen, daß die Dinge nicht so kommen werden, wie man es von gewissen Seiten in prophetischem Wohlwollen für unvermeidlich zu halten scheint. Um auf der schiefen Fläche, die man uns so bereitwillig als unsere naturgemäße Basis anweist, nicht nach links hinabzurutschen, wird es vor allen Dingen darauf ankommen, sich nicht auf die schiefe Fläche zu stellen; dies einzusehn sollte man uns, die wir die letzten 10 Jahre nicht mehr als andre Leute geschlafen haben, doch billig zutrauen.

Mittheilungen, wie sie Ihr Schreiben vom 9ten enthält, haben nicht blos einen theoretischen, sondern einen sehr großen praktischen Werth für mich und können, natürlich ohne irgend eine Gefahr der Compromittirung für Sie nach mehr als einer Seite hin zu heilsamen Einwirkungen von mir benutzt werden. Es bedarf daher auch gewiß keiner besonderen Versicherung, wie sehr Sie meinen Wünschen entsprechen werden, wenn Sie fortfahren wollen, in derselben vertraulichen Weise mich auch ferner von Ihren Wahrnehmungen auf diesem Gebiete in Kenntniß zu erhalten.

In aufrichtigster Hochachtung
 Euerer Hochwohlgeboren
  ganz ergebenster
Berlin, den 13. November 1858. Schleinitz.

5*).

Minister v. Schleinitz an Bismarck.

Euer Hochwohlgeboren
danke ich verbindlichst für die im gegenwärtigen Augenblicke doppelt interessante Mittheilung vom 1. und 3ten d. M., auf

---

*) Anhang zu den Gedanken und Erinnerungen von Otto Fürst v. Bismarck Bd. II, S. 281.

deren Inhalt hier näher einzugehen ich um so mehr unterlassen darf, als Ihr bevorstehender Besuch, zu dem der Prinz-Regent mit Vergnügen Seine Zustimmung ertheilte und der auch mir sehr willkommen ist, mir Gelegenheit geben wird, mündlich auf die Sache zurückzukommen.

Mit den aufrichtigsten Neujahrs-Wünschen
Euer Hochwohlgeboren
ganz ergebenster
Berlin, d. 9. Januar 1859. Schleinitz.

6.
Bismarck an Minister v. Schleinitz.

Petersburg 4. April 1859.

Ew. Excellenz
beabsichtigte ich ein ausführliches Schreiben vorzulegen; die Abreise des Überbringers dieser Expedition findet aber plötzlich zwei Tage früher statt, als erwartet wurde. Ich beschränke mich daher auf die gehorsamste Bitte um geneigte Beschleunigung der Sendung des Nachfolgers für Herrn von Werthern*), indem ich bei diesem bewegten Geschäftsgange Bankrott an Arbeitskräften mache. Die Kürze der Zeit hat mich genöthigt den letzten Theil des anliegenden Immediatberichts direct zu dictiren, und Ew. Excellenz werden aus dem Wechsel der Handschriften und aus den eigenthümlichen Mißverständnissen, welche den Correcturen zu Grunde liegen, ersehen, daß bisher Niemand hier gewohnt ist französisch unter Dictat zu schreiben. Ich darf nach E. E. letzten Zusicherungen der Zuversicht leben, daß ich Croy**) als Secretär bekomme; mein Aufenthalt hier

---

*) Frhr. Georg von Werthern, bisher Legationsrath an der Preußischen Gesandtschaft in Petersburg, zum Gesandten in Athen ernannt.

**) Prinz Georg Croy, nachmals 1. Secretär der Preußischen Gesandtschaft in Petersburg.

hat mich nur in der Überzeugung bestärkt, daß ein derartiges sociales und sprachkundiges Element ein dringendes Bedürfniß der hiesigen Gesandtschaft ist.

Mit der ausgezeichnetsten Verehrung verharre ich

Ew. Excellenz
gehorsamster
v. B.

Der sécrétaire interprète schreibt, wie ich erst beim Lesen der Depesche ersehe, noch wunderlichere Worte beim Dictiren, als mein ehrlicher Klüber*), von dessen Hand der Schluß ist.

7.

Bismarck an Minister v. Schleinitz.

Petersburg 28./16. April 1859.

Ew. Excellenz

wollen mir gestatten meinem beifolgenden Immediatbericht wenige Worte hinzuzufügen. Zunächst um die Länge desselben zu entschuldigen, da bei den seltenen Gelegenheiten der Stoff sich anhäuft, schnell veraltet und durch die Telegraphie schon des Interesses beraubt ist. Dann um Ew. E. meinen gehorsamsten und aufrichtigsten Dank für die Ernennung von Croy zu sagen, dessen Ankunft ich mit Freuden entgegensehe.

Bei Gelegenheit der Leichenfeier des Fürsten Hohenlohe, welcher S. M. der Kaiser beiwohnte, sah ich soeben den Fürsten Gortschakow**). Derselbe hielt mich nach Beendigung der Ceremonie in der Kirche zurück, und sprach mir, gestützt auf den mit Todtenköpfen gezierten Katafalk, seine ganze Empfindlichkeit über den englischen Vermittlungsversuch aus. Ich gebe seine Worte ungefähr im Urtext: Je leur souhaite tout le

---

*) von Klüber, Premier-Lieutenant im 9. Husaren-Regiment, Attaché bei der Preuß. Ges. in Petersburg.

**) Fürst Gortschakow, Russischer Minister des Auswärtigen.

succès imaginable, mais je ne leur cacherai pas notre surprise de voir l'Angleterre se détacher brusquement d'un concert qui s'était formé sur les bases proposées par l'Angleterre. Cela n'est pas de nature à encourager à une action commune avec l'Angleterre pour l'avenir.

S. M. der Kaiser hatte schon mehrmals Mißtrauen gegen England geäußert und behauptet, daß es doppeltes Spiel spiele; Gortschakow und die Beliebtheit von Sir John Crampton*) hatten dieser keimenden Mißstimmung entgegengewirkt. Jetzt aber schließt man sich verdrießlich und in verletzter Eigenliebe noch enger an Frankreich an, und Gortschakow hat mehr als früher Heimlichkeiten vor mir mit dem französischen Botschafter. Ich bedaure, daß ich so wenig Gelegenheit habe den Kaiser zu sehen; seit meiner Antrittsaudienz bin ich ihm einige Male zufällig begegnet, aber nur das erste Mal wechselte er einige Worte mit mir.

Bei der Unbestimmtheit von Werthern's Abreise habe ich den Feldjäger heute expedirt, vielleicht kann ich durch Werthern Weiteres schreiben.

Mit der ausgezeichnetsten Verehrung verharre ich

Ew. Excellenz

gehorsamster

v. Bismarck.

8**).

Bismarck an Minister v. Schleinitz.

Petersburg den 12. Mai 1859.

Eurer Excellenz

sage ich meinen gehorsamsten Dank für die so reiche und interessante Expedition, welche ich vorgestern Abend durch Feldjäger

---

*) Sir John Crampton, Englischer Gesandter in Petersburg.
**) Anhang zu den Gedanken und Erinnerungen von Otto Fürst v. Bismarck Bd. II, S. 287.

Hahn erhalten habe. Im Laufe des gestrigen Tages habe ich Gelegenheit gefunden, mich in der allgemeinen Richtung der mir zugegangnen Mittheilungen gegen den Fürsten Gortschakow auszusprechen. Mein beifolgender Bericht enthält darüber Näheres, und erlaube ich mir in diesen Zeilen eine andre Seite der Frage zur Sprache zu bringen, welche ich in amtlicher Form nicht mit derselben Offenheit zu berühren wage, da ich noch nicht weiß, bis zu welchem Grade sie Eurer Excellenz als verdammliche Ketzerei erscheinen wird.

Aus den acht Jahren meiner Frankfurter Amtsführung habe ich als Ergebniß meiner Erfahrungen die Ueberzeugung mitgenommen, daß die dermaligen Bundeseinrichtungen für Preußen im Frieden eine drückende, in kritischen Zeiten eine lebensgefährliche Fessel bilden, ohne uns dafür dieselben Aequivalente zu gewähren, welche Oestreich, bei einem ungleich größern Maße eigner freier Bewegung, aus ihnen zieht. Beide Großmächte werden von den Fürsten und Regirungen der kleinern Staaten nicht mit gleichem Maße gemessen; die Auslegung des Zweckes und der Gesetze des Bundes modificirt sich nach den Bedürfnissen der östreichischen Politik. Ich darf mich Eurer Excellenz Sachkenntniß gegenüber der Beweisführung durch detaillirtes Eingehn auf die Geschichte der Bundespolitik seit 1850 enthalten, und beschränke mich auf die Nennung der Rubriken von der Wiederherstellung des Bundestages, der deutschen Flottenfrage, der Zollstreitigkeiten, der Handels=, Preß= und Verfassungsgesetzgebung, der Bundesfestungen Rastatt und Mainz, der Neuenburger und der orientalischen Frage. Stets haben wir uns derselben compacten Majorität, demselben Anspruch auf Preußens Nachgiebigkeit gegenüber gefunden. In der orientalischen Frage erwies sich die Schwerkraft Oestreichs der unsrigen so überlegen, daß selbst die Uebereinstimmung der Wünsche und Neigungen der Bundesregirungen mit den Bestrebungen Preußens ihr nur einen weichenden Damm entgegenzusetzen vermochte. Fast ausnahmslos haben uns unsre Bundesgenossen damals zu verstehn gegeben oder selbst offen erklärt, daß sie außer Stande wären, uns den Bund zu halten, wenn Oestreich seinen eignen Weg gehe, obschon es unzweifelhaft sei, daß das Bundesrecht und die wahren deutschen Interessen unsrer friedlichen Politik zur Seite ständen; dies war damals wenigstens die Ansicht fast aller Bundesfürsten. Würden diese den Bedürfnissen oder selbst der Sicherheit Preußens jemals in ähnlicher Weise die eignen Neigungen und Interessen zum Opfer bringen? Gewiß nicht, denn ihre Anhänglichkeit an Oestreich beruht überwiegend auf solchen Interessen, welche beiden das Zusammenhalten gegen Preußen, das Niederhalten jeder Fortentwickelung des Einflusses und der Macht Preußens als dauernde Grundlage ihrer gemeinschaftlichen Politik vorschreiben. Ausbildung des Bundesverhältnisses mit östreichischer Spitze ist das natürliche Ziel der Politik der deutschen Fürsten und ihrer Minister; sie kann in ihrem Sinne nur auf Kosten Preußens erfolgen und ist nothwendig nur gegen Preußen gerichtet, so lange Preußen sich nicht auf die nützliche Aufgabe beschränken will, für seine gleichberechtigten Bundesgenossen die Assecuranz gegen zu weit gehendes Uebergewicht Oestreichs zu leisten, und das Mißverhältniß seiner Pflichten und seiner Rechte im Bunde, ergeben in die Wünsche der Majorität, mit nie ermüdender Gefälligkeit zu tragen. Diese Tendenz der mittelstaatlichen Politik wird mit der Stätigkeit der Magnetnadel nach jeder vorübergehenden Schwankung wieder hervortreten, weil sie kein willkürliches Product einzelner Umstände oder Personen darstellt, sondern ein natürliches und nothwendiges Ergebniß der Bundesverhältnisse für die kleinern Staaten bildet. Wir haben kein Mittel, uns mit ihr innerhalb der gegebenen Bundesverträge dauernd und befriedigend abzufinden.

Seitdem unsre Bundesgenossen vor neun Jahren unter der

Leitung Oestreichs begonnen haben, aus dem bis dahin unbeachteten Arsenal der Bundesgrundgesetze die Prinzipien ans Tageslicht zu fördern, welche ihrem Systeme Vorschub leisten können, seit die Bestimmungen, welche nur eine Bedeutung im Sinne ihrer Stifter haben konnten, soweit sie von dem Einverständnisse Preußens und Oestreichs getragen werden, einseitig zur Bevormundung preußischer Politik auszubeuten versucht werden, haben wir unausgesetzt das Drückende der Lage empfinden müssen, in welche wir durch die Bundesverhältnisse und ihre schließliche historische Entwickelung versetzt worden sind. Wir mußten uns aber sagen, daß in ruhigen und regelmäßigen Zeiten wir das Uebel durch geschickte Behandlung wohl in seinen Folgen abzuschwächen, aber nichts zu seiner Heilung zu thun vermochten. In gefahrvollen Zeiten, wie es die jetzigen sind, ist es zu natürlich, daß die andre Seite, welche sich im Besitz aller Vortheile der Bundeseinrichtungen befindet, gern zugiebt, daß manches Ungehörige geschehn sei, aber im „allgemeinen Interesse" den Zeitpunkt für durchaus ungeeignet erklärt, um vergangne Dinge und „innere" Streitigkeiten zur Sprache zu bringen. Für uns aber kehrt eine Gelegenheit, wenn wir die jetzige*) unbenutzt lassen, vielleicht nicht sobald wieder, und wir sind später von Neuem auf die Resignation beschränkt, daß sich in regelmäßigen Zeiten Nichts an der Sache ändern läßt.

Seine Königliche Hoheit der Prinz-Regent haben nach dem Rathe Eurer Excellenz eine Haltung angenommen, welche den ungetheilten Beifall aller derer hat, denen ein Urtheil über Preußische Politik beiwohnen kann und die sich dasselbe nicht durch Partheileidenschaften getrübt haben. In dieser Haltung sucht ein Theil unsrer Bundesgenossen durch unbesonnene und fanatische Bestrebungen uns irre zu machen. Wenn die Staats-

---

*) Oesterreich-Französischer Krieg in Italien.

männer von Bamberg so leichtfertig bereit sind, dem ersten Anstoß des Kriegsgeschreis der urtheilslosen und veränderlichen Tagesstimmung zu folgen, so geschieht das vielleicht nicht ganz ohne tröstende Hintergedanken an die Leichtigkeit, mit der ein kleiner Staat im Fall der Noth die Farbe wechseln kann. Wenn sie sich aber dabei der Bundeseinrichtungen bedienen wollen, um eine Macht wie Preußen ins Feuer zu schicken; wenn uns zugemuthet wird, Gut und Blut für die politische Weisheit und den Thatendurst von Regirungen einzusetzen, denen unser Schutz unentbehrlich zum Existiren ist; wenn diese Staaten, deren gesammter Bestand Einem Dritttheil unsrer Armee militärisch nicht gewachsen ist, uns den leitenden Impuls geben wollen, und wenn sie als Mittel dazu bundesrechtliche Theorien in Aussicht nehmen, mit deren Anerkennung alle Autonomie preußischer Politik aufhören würde — dann dürfte es meines Erachtens an der Zeit sein, uns zu erinnern, daß die Führer, welche uns zumuthen, ihnen zu folgen, andern Interessen dienen als Preußischen, und daß sie die Sache Deutschlands, welche sie im Munde führen, so verstehn, daß sie nicht zugleich die Sache Preußens sein kann, wenn wir uns nicht aufgeben wollen.

Ich gehe vielleicht zu weit, wenn ich die Ansicht äußere, daß wir jeden rechtmäßigen Anlaß, welchen unsre Bundesgenossen uns bieten, mit Eifer ergreifen sollten, um die Rolle der Verletzten zu übernehmen und aus dieser zu derjenigen Revision unsrer gegenseitigen Beziehungen zu gelangen, deren Preußen bedarf, um in geregelten Beziehungen zu den kleinern deutschen Staaten dauernd leben zu können. Ich glaube, wir sollten den Handschuh, den Baiern uns hinwerfen zu wollen scheint, bereitwillig aufnehmen und kein Unglück, sondern einen Fortschritt zur Krisis der Besserung darin sehn, wenn eine Majorität in Frankfurt einen Beschluß faßt, in welchem wir eine Ueberschreitung der Competenz, eine willkürliche Aenderung des Bundeszweckes, also einen Bruch der Bundesverträge finden können, je unzweideutiger die Verletzung zu Tage tritt, desto besser. In Oestreich, Frankreich, Rußland finden wir die Bedingungen nicht leicht wieder so günstig, um uns eine Verbesserung unsrer Lage in Deutschland zu gestatten, und unsre Bundesgenossen sind auf dem besten Wege, uns vollkommen gerechten Anlaß dazu zu bieten, auch ohne daß wir ihrem Uebermuthe durch unsre eigne Geschicklichkeit in unauffälliger Weise nachhelfen. Sogar die Kreuzzeitung wird, wie ich eben aus der Sonntagsnummer ersehe, in ihrem blinden Eifer stutzig bei dem Gedanken, daß eine Frankfurter Majorität ohne Weitres über die Preußische Armee disponiren könnte. Nicht bloß an diesem Blatt habe ich bisher mit Besorgniß die Wahrnehmung gemacht, welche Alleinherrschaft sich Oestreich in der deutschen Presse durch das geschickt angelegte Netz seiner Beeinflussung geschaffen hat, und wie es diese Waffe zu handhaben weiß. Ohne dieselbe wäre die sogenannte öffentliche Meinung schwerlich zu dieser Höhe montirt worden; ich sage die sogenannte, denn das wirkliche Gros der Bevölkerung ist niemals für den Krieg gestimmt, wenn nicht die thatsächlichen Leiden schwerer Bedrückung es gereizt haben. Es ist so weit gekommen, daß kaum noch unter dem Mantel allgemein deutscher Gesinnung ein Preußisches Blatt sich zu Preußischem Patriotismus zu bekennen wagt. Die allgemeine Piepmeierei (verzeihen Eure Excellenz diesen so bezeichnenden Ausdruck) spielt dabei eine große Rolle, nicht minder die Zwanziger, die Oestreich zu diesem Zwecke niemals fehlen. Die meisten Correspondenten schreiben für ihren Lebensunterhalt, die meisten Blätter haben die Rentabilität zum Hauptzwecke, und an einigen unsrer Berliner und andrer Blätter vermag ein erfahrner Leser leicht zu erkennen, ob sie eine Subvention Oestreichs wiederum erhalten haben, sie bald erwarten, oder sie durch drohende Winke herbeiführen wollen. Die Kreuzzeitung thut gratis, was

Koller*) irgend wünschen kann. Die andern combiniren ihre Richtungen nach den Rücksichten, welche sie theils auf die Subvention, theils auf das Abonnement zu nehmen haben.

Ich weiß nicht, ob wir nicht unsre offiziöse Einwirkung auf die Presse zu sehr eingeschränkt haben, und ich glaube, daß wir einen erheblichen Umschlag in die Stimmung bringen könnten, wenn wir gegen die Ueberhebungen unsrer deutschen Bundesgenossen, besonders Baierns, die Saite selbständiger Preußischer Politik in der Presse anschlügen. Vielleicht geschehn in Frankfurt Dinge, welche uns den vollsten Anlaß dazu bieten. Baiern kann seine 108000 M. (?) unmöglich lange demonstrativ auf den Beinen halten; das Münchner Cabinet wird seit dem Eintritt Schrenks, wenn dieser seiner Vergangenheit nicht untreu wird, sich viel entschiedener als bisher an Oestreich anschließen, und Pfordten**) wird das Bedürfniß haben, die Augen der Welt auf die Berathungen der Bundesversammlung zu lenken.

In diesen Eventualitäten kann sich, wie Eure Excellenz mir bereits in einer telegraphischen Depesche andeuteten, die Weisheit unsrer militärischen Vorsichtsmaßregeln noch nach andern Richtungen hin bethätigen und unsrer Haltung Nachdruck geben. Dann wird das Preußische Selbstgefühl einen ebenso lauten, und vielleicht folgenreicheren Ton geben, als das bundestägliche. Das Wort „Deutsch" für „Preußisch" möchte ich gern erst dann auf unsre Fahne geschrieben sehn, wenn wir enger und zweckmäßiger mit unsern übrigen Landsleuten verbunden wären, als bisher; es verliert von seinem Zauber, wenn man es schon jetzt, in Anwendung auf seinen bundestäglichen Nexus, abnützt.

Ich fürchte, daß Eure Excellenz mir in diesem brieflichen

---

*) Oesterreichischer Gesandter in Berlin.
**) Schrencks Nachfolger als Bundestagsgesandter in Frankfurt.

— 18 —

Streifzüge in das Gebiet meiner frühern Thätigkeit ein ne sutor ultra crepidam im Geiste zurufen; aber ich habe auch nicht gemeint, einen amtlichen Vortrag zu halten, sondern nur das Zeugniß eines Sachverständigen wider den Bund ablegen wollen. Ich sehe in unserm Bundesverhältniß ein Gebrechen Preußens, welches wir früher oder später ferro et igni werden heilen müssen, wenn wir nicht bei Zeiten in günstiger Jahreszeit eine Kur dagegen vornehmen. Wenn heut lediglich der Bund aufgehoben würde, ohne etwas andres an seine Stelle zu setzen, so glaube ich, daß schon auf Grund dieser negativen Errungenschaft sich bald beßre und natürlichere Beziehungen Preußens zu seinen deutschen Nachbarn ausbilden würden, als die bisherigen. Wenn wir zu ihnen analoge Verhältnisse hätten, wie Oestreich vermöge der jetzt angefochtenen Verträge sie zu den italiänischen Herzogthümern hatte, so läge mutatis mutandis schon darin ein großer Fortschritt für uns.

v. Bismarck.

9.

Bismarck an Minister v. Schleinitz.

Petersburg 20. Mai 1859.

Ew. Excellenz

erhalten beifolgend in meinem gehorsamsten Berichte vom gestrigen Datum eine Skizze der im Augenblick hier vorwaltenden Anschauungen, in welcher ich neue Thatsachen nicht zu melden vermocht habe. Nur über die Sendung von Gr. Münster*) erlaube ich mir hier einiges hinzuzufügen.

Der Fürst Gortschakow ließ mich gestern zu ungewöhnlich früher Stunde zu sich bitten, und empfing mich gleich mit der

---

*) Graf Hugo Münster-Meinhövel, Flügel-Adjutant Friedrich Wilhelms IV., ehemals Militär-Bevollmächtigter in Petersburg.

Mittheilung, daß Gr. Münster herkommen werde. Er bemerkte dazu, daß diese Sendung zu frühe komme, und er sich gar nicht denken könne, wozu dieselbe eigentlich dienen solle. Der Zusammenstoß der feindlichen Heere könne jetzt doch nicht mehr ausgehalten werden, und durch die Ergebnisse desselben werde erst eine Grundlage zu den weitern Auffassungen der Verhältnisse gewonnen werden. Augenblicklich liege kein Material zu besonderen Verhandlungen vor, und durch ein unruhiges Treiben zum Handeln in Momenten, welche an sich keine Aufforderung zum Handeln enthielten, könne weder für uns noch für Rußland noch für unsre gegenseitigen Beziehungen etwas gebessert werden. Es sei schon unglücklich genug, daß die deutschen Rüstungen, die unsrigen eingeschlossen, so früh eingetreten wären; ihre täglichen Kosten hängten sich als ein Gewicht an die Regirungen, welches dieselben, ähnlich wie bei Ostreich, zur Verwendung der bereitgestellten Kräfte dränge, auch wenn das wohlerwogene politische Bedürfniß keine hinreichende Aufforderung dazu enthalte. „Und wenn etwas zu besprechen sei, warum solle neben mir noch Gr. Münster dabei thätig sein? Wenn etwa neben den amtlichen Beziehungen des Kön. Gesandten zu dem Kais. Minister noch Verhandlungen mit einem etwaigen Ministerium „in partibus" gepflogen und dazu Münsters frühere Verbindungen utilisirt werden sollten, so sei er, Gortschakow, darüber zwar sehr ruhig, aber der Kaiser könne einen solchen, an sich fruchtlosen, Versuch nicht gern sehen". „Es giebt in Rußland, fuhr er fort, nur zwei Menschen, welche die Politik des Cabinets kennen, den Kaiser, der sie macht, und mich, der sie vorbereitet und ausführt; Seine Majestät ist sehr verschwiegen, und ich sage nur, was ich will, und das sage ich Ihnen lieber und offener als einem Andern. Der Kaiser hat seine guten Gründe gehabt, gerade mich zum Minister zu nehmen, ich habe mich lange geweigert, und jede andere Combination befürwortet, namentlich die von Orloff-

Budberg*); der Kaiser ist mit meiner Ablehnung nach Moskau gegangen, hat aber doch nach seiner Rückkehr an seiner Wahl festgehalten, und meine Weigerung überwunden. Ma position est inexpugnable parce que je ne la défends pas. Solange ich sie aber inne habe, stehe ich ihr allein vor, und weder bei Orloff, noch bei Nesselrode**) oder Panin***) wird jemand etwas ausrichten, das er durch mich nicht hat machen können. Mir persönlich wäre es sehr lieb, wenn Gr. Münster herkäme, um sich davon zu überzeugen."

Ich erwiederte darauf, daß ich von der beabsichtigten Sendung gar nichts wisse, daß sie aber gewiß nicht den Charakter einer Mission bei einem Ministerium in partibus haben könne; zu einer Empfindlichkeit könne in einer solchen Mission doch höchstens für mich, nicht aber für den Fürsten ein Anlaß liegen. Mir aber scheine der Schritt nur die Bedeutung zu haben, daß ich selbst sowohl wie das Kaiserliche Cabinet von den Intentionen S. K. H. des Prinzen Regenten unmittelbarer und eingehender in Kenntniß gesetzt werden solle, als dies schriftlich möglich sei, und daß dieses durch eine dem Kaiser bekannte und willkommene Persönlichkeit wie Münster geschehe, sei nicht unnatürlich, und gewiß nicht damit beabsichtigt, etwas neben den und ohne die amtlichen Wege durchzusetzen oder zu erfahren. „Warum, fragte der Fürst, läßt man dann nicht lieber Sie auf einige Tage nach Berlin kommen? Sie haben den Tact gehabt, alle Nebenwege, die Ihnen offen stehen konnten, zu vermeiden, und sich dadurch des Kaisers und mein Vertrauen gesichert. Münster hatte hier unter dem Hochseligen Herrn eine Stellung, die für einen Ausländer, wenn er auch dem

---

*) Fürst Orloff (Alexei Fedorowitsch), Präsident des Reichsrats und des Minister-Comités. Baron Budberg, Russischer Gesandter in Berlin.

**) Graf Nesselrode, Russischer Staatskanzler.

***) Graf Panin, Russischer Justiz-Minister.

befreundetsten Hofe angehört, in den Augen jedes Russen unmöglich ist."

Während dieses Gespräches kamen die dem Kaiser vorgelegten Einläufe aus Zarskoe-Selo zurück. Der Fürst nahm zuerst die telegraphische Meldung über Münsters Sendung, in welcher Budberg gesagt hatte, daß er Ew. Excellenz seine Zweifel über die Opportunität dieser Mission nicht verschwiegen habe, und er zeigte mir, daß der Kaiser bei diesem Passus an den Rand geschrieben hatte „bien fait", fügte auch hinzu, daß S. M. mit solchen Marginal-Noten ziemlich sparsam sei. Mit mehr Befriedigung als vorher kam der Fürst darauf nochmals auf seine Stellung und auf seine Nebenbuhler zurück. Fürst Orloff, sagte er, habe eine Abneigung gegen alle Geschäfte, und sei, theils aus übertriebener Vorsicht, theils aus Apathie, kaum je dahin zu bringen, daß er eine Meinung über politische Dinge äußere. Graf Panin würde gern das Auswärtige übernehmen, sei aber dem Kaiser persönlich unangenehm, bei allen seinen Untergebenen verhaßt, und ein principieller Gegner der Emancipation, eine Art russischer Kreuzzeitungsmann. Graf Nesselrode sei mit Traditionen verflochten, mit welchen der Kaiser nach außen wie nach innen gebrochen habe. Wenn der Kaiser einmal nöthig finden sollte, den Posten anderweit zu besetzen, so habe Budberg die meiste Aussicht, und er, Fürst G., werde ihn jedenfalls Sr. Majestät als seinen Nachfolger empfehlen. Die Schwierigkeit dabei werde sein, daß der Kaiser es nicht für thunlich halte, wieder einen „deutschen Namen" in diese Stelle zu bringen; es sei aber, nach des Fürsten Ansicht, unter den Russen kein ebenso geeigneter vorhanden.

Der Kais. Minister sagte schließlich, daß er offener gegen mich gewesen sei, als es in seinen Gewohnheiten liege, und daß er erwarten dürfe, ich würde sein Vertrauen mit unbedingter Discretion erwiedern. Indem ich diese Erwartung des Fürsten auf Ew. Excellenz übertrage, habe ich geglaubt diese

Conversation in ihren Details vertraulich vortragen zu sollen, da sie gerade in diesen Anhaltspunkte für die Entschließungen über die Münstersche Sendung bietet, ohne eines Commentars zu bedürfen.

An Grf. Adlerberg*) ist in diesen Tagen der Befehl des Kaisers gegangen, keine Berichte mehr einzuschicken, welche H. von Budberg nicht vorher gesehen hätte, und Herrn von Maltitz**), der aus Weimar eine sympathisirende Schilderung der nationalen Aufregung eingesandt hat, läßt S. M. durch den morgen abreisenden H. von Tutscheff***) sagen, er möge bedenken, daß er nicht mehr Heidelberger Student, sondern russischer Diplomat sei. Nach Weimar und Stuttgart hat der Kaiser, wie er selbst sagt, sehr ernsthaft und deutlich geschrieben. S. Majestät ist empfindlich über die vielen Rathschläge in Betreff der russischen Politik welche von den hohen Verwandten in Deutschland eingehn, und über den Ton, in welchem sie vorgetragen werden. Es heißt da stets, Rußland müsse thun, der Kaiser müsse einsehen, und wenn nicht, so folgten beleidigende Alternativen. Am allerunpassendsten aber seien die Briefe, welche an Mitglieder der Kaiserlichen Familie, beispielsweise an die Großfürstin Helene von deren Herrn Brüdern, und an die Prinzessin von Oldenburg aus Nassau, eingingen, und mit der Post befördert würden, damit sie gelesen werden sollten, während sie doch die größten „Sottisen" für den Kaiser enthielten. Die Frau Großfürstin Helene sagt mir, daß die Sprache ihrer Herren Brüder in deren Briefen allerdings eine sehr starke sei.

J. Kais. H. die Frau Herzogin Georg von Mecklenburg ist auf ausdrücklichen Befehl des Kaisers nach Paris gegangen,

---

*) Graf Adlerberg II., Russischer General-Adjutant, Militär-Bevollmächtigter in Berlin.
**) von Maltitz, Russischer Gesandter in Weimar.
***) von Tutscheff, Russischer Diplomat bei einem westlichen Hofe.

während dem Herzog frei gestellt wurde, ob er seine Gemahlin dahin begleiten wolle. Die Frau Großfürstin Marie vertritt seit ihrer Rückkehr im Schoße der Kaiserlichen Familie mit Lebhaftigkeit die Beziehungen zu Frankreich. Eine besonders bittere Verurtheilung erfährt in den höchsten Kreisen das östreichische System der „Ausnutzung" des piemontesischen Landes, von welchem man annimmt daß es zur Hungersnoth und zu Insurrection und Räubereien führen müsse.

21. Mai.

Gestern Abend habe ich Ew. Excellenz telegraphische Benachrichtigung, daß die Sendung Münsters unterbleibt, mit gehorsamsten Danke erhalten. Heut früh schreibt mir Fürst Gortschakow dasselbe, nachdem er mir gestern spät noch hatte sagen lassen, daß Münster sich heut auf dem Wladimir einschiffe. Unter meinen hiesigen deutschen Collegen vertreten Gf Montgelas*) und Gf Münster**) (Hannover) vollständig das Maaß kriegerischen Eifers, welches ihren Regirungen eigen ist, während H. von Könneritz***) in seinen persönlichen Überzeugungen unsrer Auffassung näher steht, der Würtembergische Lobstein†) aber mehr Russe als Deutscher ist. Nach den Fonton'schen††) Berichten hat Bar. Beust übrigens in Frankfurt nicht dieselbe Mäßigung an den Tag gelegt, wie sein hiesiger Vertreter, sondern den Kreuzzug gegen Paris gepredigt, und sich dabei mit solcher Sicherheit auf angebliche Äußerungen englischer Minister berufen, daß Sir A. Malet†††) sich wie es scheint zu einer Sprache hat verleiten lassen, welche keine Rechtfertigung

---

*) Graf Montgelas, Bairischer Gesandter in Petersburg.
**) Graf Georg Münster-Derneburg, Hannoverscher Gesandter in Petersburg.
***) von Könneritz, Königlich Sächsischer Gesandter in Petersburg.
†) von Lobstein, Württembergischer Geschäftsträger in Petersburg.
††) von Fonton, Russischer Gesandter am Deutschen Bund.
†††) Sir Alexander Malet, Englischer Gesandter am Deutschen Bund.

in seinen Instructionen findet. Grf. Carolyi*) empfiehlt seinem Cabinete, nachdem er sich hier orientirt hat, die russischen Demonstrationen an der Grenze keineswegs leicht zu nehmen; er glaubt, daß Deutschland zum Kriege gegen Frankreich und Rußland gleichzeitig gelangen werde, sieht aber darin keine Gefahr für uns, und meint, daß man, um uns ein lebhafteres Interesse zur Sache zu verleihen, und für den Fall des Sieges über beide Gegner Deutschlands, das „Präsidium in der Militair-Commission" zu Frankfurt von Wien aus versprochen habe, falls die übrigen Bundesgenossen damit einverstanden sein würden. Für solchen Kampfpreis allerdings kann man Preußen schon einsetzen! wenigstens als Oestreicher.

Mit der gehorsamsten Bitte, diesen Brief nicht als für die Acten bestimmt ansehen zu wollen, verharre ich in der ausgezeichnetsten Hochachtung

Euer Excellenz

gehorsamster

v. Bismarck.

10.

Bismarck an Minister v. Schleinitz.

Petersburg 22. Mai 1859.

Ew. Excellenz

habe ich mir erlaubt, in Ermanglung sicherer Gelegenheit für die nächsten Tage, heute in Betreff der Münsterschen Sendung zu telegraphiren. In dem Bestreben 100 Worte nicht zu überschreiten, habe ich meine Gedanken mit der respectwidrigen Kürze ausgedrückt, welche dem telegraphischen Style anklebt, und beeile mich in diesen Zeilen, von denen ich noch nicht voraussehe,

---

*) Graf Carolyi, Oesterreichischer Gesandter in Petersburg.

wann ich sie werde abschicken können, schicklichere Explicationen zu geben. Mein gestern durch den Adler abgegangener Brief enthält die Erläuterung meiner, vielleicht zu lakonisch gefaßten, ersten Depesche über Münster, bei welcher ich mich, angesichts der hohen Telegraphen=Rechnung vom April, bemüht hatte innerhalb der wohlfeilen aber der Deutlichkeit feindliche Gränze von 25 Worten zu bleiben. Der Fürst Gortschakow hatte mich nicht ersucht, über unsre Unterredung zu berichten, mir aber auch nicht das Versprechen zu schweigen abgenommen. Er schien eher zu wünschen, daß ich auf meine Verantwortung meine Wahrnehmungen meldete. Ich habe demnächst im engsten Vertrauen mit Baron Meyendorff*) gesprochen, dessen Anschau= ungen den unsrigen näher stehen, als die des Ministers. Auch er war der Meinung, daß die Mission zu früh kommen werde, und daß man die in einer solchen liegenden Mittel nicht jetzt abnutzen müsse, weil man sie in einem späteren Momente viel= leicht wirksamer verwenden könne. Jetzt werde ein solcher Schritt dem Kaiser kaum einen guten Eindruck machen, weil er sich die Motive nicht zu erklären vermöge, sie vielleicht sogar unrichtig deuten werde. Außerdem sei, was mir vollständig neu war, die Person Münsters dem Kaiser Alexander „noch immer nicht angenehm", wenn er auch aus Liebe zu S. K. H. dem Prinzen Regenten und aus discreter Rücksicht auf das Andenken des hochseligen Kaisers, nichts davon merken lasse.

Unter diesen Umständen glaubte ich Ew. Excellenz nicht verschweigen zu dürfen, was ich wahrnahm, und würde gleich ausführlicher telegraphirt haben, wenn ich geglaubt hätte, daß die Mission so schnell und schon vor Eingang eines schriftlichen Berichtes in Angriff genommen werden würde, nachdem Bud= berg Bedenken über die Opportunität geäußert hatte.

---

*) Baron Meyendorff, Director des Kaiserlichen Cabinets in Petersburg.

Nachdem durch Budbergs Meldung von dem verletzenden Eindruck der hiesigen Auffassung auf S. K. H. den Regenten, die Sache wieder an den Kaiser gekommen war, so ist letzterer über dieses Ergebniß ungehalten gewesen, und hat den Fürsten zur Rede gestellt, der mir wiederum auf einer gestrigen Soirée bei J. M. der Kaiserin Mutter, Vorhaltungen über meine Indiscretion machte, obschon es ihm gewiß lieb gewesen wäre, wenn durch letztere die Mission ohne weitere Nachwehen vertagt oder verhindert worden wäre.

Gestatten mir Ew. Excellenz bei dieser Gelegenheit eine Bemerkung, welche in dem großen Centrum der Geschäfte sich vielleicht weniger aufdrängt, als bei den einzelnen Gesandtschaften. Da Budberg länger als ich in den Beziehungen beider Höfe thätig ist, so hat der Lauf der Geschäfte eine natürliche Neigung mehr durch seine als durch meine Hände zu gehen; in Budbergs Beruf aber liegt es, den Dingen von Hause aus den dem russischen Interesse anpassenden Zuschnitt zu geben. Budberg hat für uns ohne Zweifel ein relatives Wohlwollen, aber seine Fähigkeit, andre zu lieben oder zu bewundern, ist überhaupt nicht stark, seine Meinung von uns und unsren Zuständen, gelinde gesagt, frei von jeder Überschätzung, und seine Berichte und deren Wirkung entsprechen diesen Prämissen. Seine Nachrichten über geschäftliche und Personal-Verhältnisse sind dabei stets sehr genau und schnell, da ihm, wie ich von meinem Berliner Aufenthalt her weiß, sehr vielseitige Quellen zufließen. In Mittheilungen an Gortschakow über solche Vorgänge, welche sich der Beobachtung des Gesandten in Berlin darbieten, kann ich natürlich mit Budbergs Meldungen nicht gleichen Schritt halten, da die nach allen Seiten hin in Anspruch genommene Thätigkeit des Ministeriums dem einzelnen Gesandten nicht so detaillirte Information gewähren kann, wie Budberg, der nur hieher zu berichten hat, sie seinem Vorgesetzten liefert. Da es aber für uns vortheilhafter ist, wenn der Verkehr beider Höfe weniger durch den russischen und mehr durch den Preußischen Gesandten geht, so möchte ich anheimstellen, wenigstens solche Eröffnungen, welche auf unsrer Initiative beruhen, soviel als möglich durch mich und nicht durch Budberg anbringen zu lassen. Meine Unbekanntschaft mit der Münsterschen Sendung bei ihrer Meldung durch Budberg und nachdem auch mein Hannöverscher College davon zu wissen schien, ließ hier die Frage aufkommen, ob mir das volle Vertrauen meiner Regierung fehle, eine Vermuthung, die stets nahe liegt, wenn einem Gesandten eine Specialmission zur Seite gestellt wird, ohne daß die Veranlassung zu derselben im Augenblick für jedermann zu erkennen ist. Ich selbst habe diesen Eindruck nicht gehabt, denn wenn auch die Ansichten über unsre politischen Aufgaben welche ich, ohne gefragt zu sein, und vielleicht mit zu großer Lebhaftigkeit, in meinen Berichten und Briefen vorgetragen habe, nicht überall Ew. Excellenz Billigung haben, so bin ich mir doch bewußt, daß mein Verhalten nach außen in Übereinstimmung mit meinen Instructionen ist und bleiben wird.

Gortschakow ist bisher gegen mich sehr mittheilend gewesen, ohne daß ich von solchen Offenherzigkeiten, welche Budberg Verlegenheiten bereiten könnten, Gebrauch gemacht hätte, da beide Höfe nicht gewinnen, wenn man ohne Noth das persönliche Einvernehmen mit den Trägern des gegenseitigen Verkehrs gefährdet. Budberg aber meldet ohne Auswahl was er erfährt; ohne Entstellung, soviel ich weiß, aber manches gelegentlich gesprochene Wort, manches hingeworfene Urtheil wird mehr als es hat sein sollen, wenn es in einem Berichte figurirt. Bei dieser rückhaltlosen Genauigkeit der Nachrichten, welche über jedes Detail hieher gelangen, ist es für mich eine wesentliche Bedingung unbefangener Berichterstattung, daß Budberg von meinen Äußerungen nicht viel mehr erfährt, als ich mit der Post hätte schreiben oder in claris telegraphiren können.

Unsere Kammerverhandlungen haben natürlich seinen Beifall nicht gehabt. Er bezeichnet als hauptsächliches Ergebniß derselben den Eindruck, daß die crême der gewählten Preußischen Intelligenz in beiden Häusern zwar viel Declamation, aber, nach Abzug derselben, nicht einen einzigen staatsmännischen Gedanken zu Tage gefördert habe, der das Niveau des alltäglichen Journalismus überrage. An der Haltung der Regirung vermißt er Entschiedenheit in der Berichtigung falscher Thatsachen, die von der Tribüne her behauptet wären.

Zu meiner lebhaften Freude habe ich von Croy die Nachricht erhalten, daß ich ihn bald erwarten darf. Die Arbeitslast, welche der Schutz der Preußischen Unterthanen regelmäßig mit sich bringt, ist groß, und vermöge der Personal-Verhältnisse der Kanzlei bin ich genöthigt vieles selbst zu thun, was bei andren Gesandtschaften den Secretairen und Canzellisten allein obliegt. Bertolotti*) ist ein sehr wenig brauchbarer Beamter und Schlözer**), abgesehen von seiner geringen Vertrautheit mit dem Französischen, ein oberflächlicher Arbeiter. Ich muß die einfachsten Concepte ändern und jedes Mundum selbst collationiren. Die Tradition des H. von Rochow***) ist hier noch fühlbar, der zu allen Geschäften, die nicht zur hohen Politik und zu seiner persönlichen Stellung nach oben in Beziehung standen, sich ziemlich so verhielt, wie der Demokrat sich den Diplomaten im Allgemeinen vorstellt, d. h. gleichgültig und ohne jeden Diensteifer. H. von Werthern†) hat sich vom Moment meiner Ankunft an feindselig und zurückhaltend gegen mich benommen und mir die Einführung in Geschäfte und Gesell-

---

*) Bertolotti, Dolmetscher bei der Preuß. Ges. in Petersburg.
**) von Schlözer, 2. Secretär bei der Preuß. Ges. in Petersburg.
***) General von Rochow, Preuß. Gesandter in Petersburg von 1850—54.
†) Frhr. Karl von Werthern, Preuß. Gesandter in Wien, von 1854—58 Gesandter in Petersburg.

schaft sehr erschwert, auch, wie ich allmählig höre, allerhand Nachtheiliges in hiesigen Kreisen über mich geredet; ich habe das der Abneigung zugeschrieben, nach seiner Ernennung zu einem selbstständigen Posten, noch unter mir hier zu fungiren, und habe diesem unberechtigten Gefühl Rechnung getragen, indem ich mich ohne ihn behalf. Nachdem Werthern sich als außer Function befindlich ansah und mir das mündlich erklärt hatte, mußte ich H. von Schlözer, zunächst mündlich, den Wunsch ausdrücken, er wolle sich mehr à portée der Geschäfte halten, solange der telegraphische Verkehr in Chiffern so lebhaft wäre; und auf seine überraschend unhöfliche Verantwortung, erließ ich eine schriftliche Verfügung, durch die ich ihn ersuchte, sich täglich einmal in den Vormittagsstunden bei mir einzufinden. Die Folge davon war, daß H. von Schlözer, den ich bis dahin selten und meist nur wenn ich ihn besuchte, gesehen hatte, vom 11. April an einen vollen Monat lang gar nicht zu mir kam. Nachdem ich so lange geduldig gewartet hatte, um seinem eigenen Tacte eine Initiative zur Herstellung freundlicher Beziehungen zu überlassen, ließ ich ihn rufen, hielt ihm sein Verfahren und die Unmöglichkeit, dasselbe ohne Nachtheil für den Dienst länger durchzuführen, vor. Seitdem beschränkt sich unser Verkehr auf eine tägliche dienstliche Unterredung, und die Selbstüberschätzung meines Mitarbeiters giebt mir vor der Hand keine Aussicht auf ein besseres Verhältniß*). Ich habe in Frankfurt 8 Jahre lang in bester Harmonie mit meinen Untergebenen, und mit ziemlich schwierigen Attachés gelebt, aber allerdings ließen Ordnung und Eifer im Königlichen Dienst dort nichts zu wünschen übrig, und das Bestreben, diese Erfordernisse da herzustellen wo sie nachgelassen haben, bringt immer sein Unbequemes mit sich. Ein brauchbarer und thätiger Beamter ist der hiesige Kelchner**)

---

*) Siehe dagegen Nr. 27, 30, 64.
**) Kelchner, Vorstand der Kanzlei der Preuß. Ges. in Petersburg.

und ein eifriger wenigstens der junge Schiller*), der souffredouleur der Kanzlei. Ich bitte Ew. Excellenz, meine Klagen über Schlözer für jetzt nicht dienstlich aufzunehmen, ich werde versuchen, ihn zu zähmen, bevor ich amtliche Beschwerde führe; ich motivire durch die Erzählung nur meine Sehnsucht nach Croy, da ich landsmannschaftlich ziemlich isolirt bin. Loën**) ist mein guter Freund, aber über Politik nicht viel mit ihm zu reden, auch meist in Zarskoe, und ich weiß nicht, ob er in Beantwortung Kaiserlicher Fragen das genaue Maaß für Schweigen und Reden stets vor Augen hat.

Mit der ausgezeichnetsten Hochachtung verharre ich
Ew. Excellenz

gehorsamster

v. Bismarck.

11***).

Bismarck an Minister v. Schleinitz.

Petersburg 30. Mai 1859.

Ew. Excellenz

zeige ich mit Rücksicht auf meinen Wunsch, Petersburg für 4 Tage verlassen zu dürfen, gehorsamst an, daß sich der Fürst Gortschakow am 1. Juni auf 14 Tage nach Zarskoe Selo begiebt um dort eine Kur zu gebrauchen, und uns dabei den Wunsch ausgedrückt hat, nur in besonders dringenden Fällen geschäftlich aufgesucht zu werden. Meine Entfernung auf einige

---

*) Schiller, Kanzlei-Beamter bei der Preuß. Ges. in Petersburg.
**) Frhr. von Loën, Flügel-Adjutant Friedrich Wilhelms IV., Militär-Bevollmächtigter in Petersburg.
***) Im Anhang zu den Gedanken und Erinnerungen von Otto Fürst v. Bismarck Bd. II, S. 295 ff. in kürzerer Fassung nach einem vom 29. Mai datirten Concept mitgetheilt.

Tage würde unter diesen Umständen noch weniger Nachtheil für den Dienst haben. Der Fürst ersucht mich, Ew. Excellenz auf den Erlaß aufmerksam zu machen, den er Budberg über die letzte Unterredung mit Karolyi geschickt hat, und den Budberg auf Verlangen zeigen wird; er stimmt mit dem Inhalt meines letzten Immediatberichts. Karolyis Freunde, besonders Plessen*), der ihm persönlich sehr nahe steht, sagen daß er sehr niedergeschlagen und sorgenvoll abgereist ist, und die Meinung, daß Oestreich nichts von Rußland zu besorgen habe, vollständig aufgegeben hat. Gegen den französischen Botschafter fährt der Fürst Gortschakow fort, die Sprache zu führen, welche ich in meinem Bericht schilderte, indem er empfiehlt, dem Kriege jede revolutionaire Färbung zu nehmen, ihn zu einem Cabinets-Kriege zu machen und zunächst den Prinzen Napoleon aus seiner selbstständigen und prätendirenden Stellung in Toscana abzurufen. Ich bemühe mich nach Kräften, diese Dispositionen zu fördern, und möchte gehorsamst anheimstellen, durch Budberg oder mich einen Ausdruck der Anerkennung in discreter Form darüber an den Fürsten gelangen zu lassen.

Großes Aufsehen hat hier in den diplomatischen und kaufmännischen Kreisen die Nachricht gemacht, daß den Preußischen Schiffs-Capitänen durch das Consulat Vorsicht in Betreff weiter Reisen wegen Kriegs-Gefahr empfohlen worden sei. Sir John Crampton besuchte mich vorgestern, um mir mitzutheilen, daß dieses Gerücht auf der Börse eine terreur panique verbreitet habe, indem man erzähle, daß unser Consul von der Gesandtschaft (by his minister) amtlich zu dieser Warnung aufgefordert worden sei. Ich konnte nur erklären, daß ich von der ganzen Sache nichts wisse, und sie daher jedenfalls in dieser Gestalt nicht richtig sein könne. Sir John machte mir bemerklich, daß es für unsere Schiffer sehr wichtig sein werde, hierüber sichere

---

*) von Plessen, Dänischer Gesandter in Petersburg.

Aufschlüsse zu erhalten, da augenblicklich die Kaufleute in Folge dieser Nachricht Bedenken trügen, Preußischen Schiffen Ladung zu geben, und diese selbst nicht wagten solche nach außerhalb der Ostsee zu übernehmen; einer der Capitäne habe nach Aussage des englischen Consuls eine sehr vortheilhafte nach Holland schon abgelehnt. Ich habe mich darauf zu unsrem General-Consul Kempe begeben, welcher mir sagte, daß er allerdings von Ew. Excellenz angewiesen sei, unsere Schiffer zur Vorsicht zu ermahnen, und daher nicht anders gekonnt habe, als mit den Capitänen in diesem Sinne sprechen, von welchen es wiederum die Schiffsmakler und von diesen die ganze Börse erfahren habe. Er habe keine Mittel der Aufregung und Ängstlichkeit im kaufmännischen Publicum entgegenzutreten, habe aber den Capitänen selber vorgestellt, daß es dem Interesse ihrer Rheder vielleicht mehr entsprechen werde, einstweilen die Ladungen zu übernehmen, welche sie bekommen könnten, und im Falle der Noth auf die Möglichkeit des Einlaufens in irgend einen neutralen Hafen zu rechnen, als die Leiden des Krieges durch Stillliegen und ängstliche Küstenfahrten schon jetzt zu übernehmen, ehe einmal gewiß sei ob wir überhaupt in Krieg gerathen würden. Ew. Excellenz werden hiernach oder nach den Berichten der Consuln an anderen Plätzen geneigtest ermessen, ob sich etwa eine beruhigende Äußerung in einstweiligen Interesse unsrer Rhederei empfiehlt. Ich habe mich jeder Äußerung enthalten, nachdem ich erfahren, daß das Gerücht auf einer wirklichen Weisung der Königl. Regirung beruhte, obschon mein englischer College in mich drang, etwas zur Beruhigung der Kaufleute zu thun, von welchen sich seitdem eine Anzahl mit Anfragen an mich gewandt haben. Soll etwas derart geschehen, so würde ich um telegraphische Weisung gehorsamst bitten.

Die Stadt beginnt, sich mit überraschender Schnelligkeit ihrer Bewohner zu entleeren, und wir Diplomaten werden bald auf den Umgang mit einander beschränkt sein. Es ist das kein Fortschritt auf dem Gebiete gesellschaftlicher Annehmlichkeiten, insbesondere sind die deutschen Collegen für mich ein chronisches Übel, dessen Leiden mir soeben bei einer gemeinschaftlichen Besichtigung des unter Preußischer Protection stehenden deutschen Armenhauses besonders anschaulich geworden sind, und über dessen ärztliche Behandlung ich noch nicht mit mir einig werden kann. Obgleich ich diesen Collegen auf Grund von Frankfurter Antecedentien und Verläumdungen, keine persona grata bin, so machen sie doch den landsmannschaftlichen Anspruch, in Betreff politischer Mittheilungen auf mich angewiesen zu sein, weil sie selbst den Fürsten Gortschakow selten sehen, und er sich auf große Politik mit ihnen nur in den engsten amtlichen Gränzen einläßt. Die Dreistigkeit, mit welcher mir unter diesem Vorwande die indiscretesten Fragen à brûle pourpoint gestellt werden, übersteigt jede Voraussicht eines wohlerzogenen Politikers, und besonders dem Grafen Karolyi habe ich geradezu aus dem Wege gehen müssen, um nicht das Opfer der entschlossenen Rücksichtslosigkeit zu werden, mit der er mich, unter Berufung auf das bundesfreundliche Verhältniß, der Inquisition unterwarf, sobald er meiner habhaft werden konnte. Solchen Fragen gegenüber mag ich mich verhalten wie ich will, so entgehe ich doch niemals dem Mißbrauch meiner Antworten. Färbe ich meine Auslassungen einigermaßen rücksichtsvoll für den Frager, d. h. östreichisch-mittelstaatlich, so höre ich sehr bald in russischen Kreisen, daß Preußen anfange seine bisherige Politik unhaltbar zu finden, und selbst ich mich von der Gerechtigkeit der Ansichten der Bundes-Majorität nachgrade überzeuge. Dergleichen Gerede verfehlt nie, bis an den Minister und nach Hofe gebracht zu werden. Weiche ich einer Antwort aus, so heißt es, daß ich mich nur mit Russen, Franzosen und Sir John einlasse, gegen den deutschen Landsmann aber den boutonnirten Großmachts-Vertreter spiele. Vertrete ich aber ehrlich den Standpunkt unsrer Regirung, indem ich uns die Initiative in Deutschland gewahrt wissen will, und mich bemühe, Illusionen und leidenschaftlichen Hoffnungen keine Ermuthigung zu gewähren, so werde ich als Bonapartist und Verschwörer gegen Deutschland angeklagt, mit allen den Übertreibungen und Entstellungen von Wort und That, welche ich von Frankfurt her gewohnt bin, und welche ihren Ausdruck oft genug in diplomatischen Beschwerden und in Anklagen auf dem Wege fürstlicher Correspondenzen gefunden haben. Wenn ich mit Montebello*), oder mit Sauli**), dem Sardinier, der außer mir der einzige reitende Diplomat ist, zusammen auf den Promenaden gesehen werde, so ist das in den Augen mancher Herren schon ein verwerflicher Mangel an deutschem Patriotismus. Grf. Münster geht glücklicher Weise übermorgen fort; er ist, unter seiner Hülle von niedersächsischem Phlegma, der Aufgeregteste von Allen, und vermöge unsrer näheren Bekanntschaft ist es für mich doppelt schwierig, auf die Fragen, die er als „guter Freund" zur Discussion stellt, mich als Diplomat so auszusprechen, daß ich möglichst wenig Stoff zur Berichterstattung und Verketzerung gebe. Könneritz, der Sachse, trägt eine lebhafte Begeisterung für Preußen zur Schau, schilt über Beust und über Östreich, und spricht als ob er unter einem Ministerium Carlowitz mit deutscher Unions=Politik fungirte; es mag seine Herzens=Meinung sein, aber es ist ein gutes altes Sprichwort bei uns, daß man keinem Meißner trauen soll. Montgelas ist in tiefster Verstimmung über die Entwerthung der Metalliques, und scheint sonderbarer Weise das beste Mittel diesem Uebel abzuhelfen in der Verallgemeinerung des Krieges zu erblicken. Auf meinen Wunsch, in Deutschland Sammlungen für unsere hiesigen Wohlthätigkeits=Vereine zu

---

*) Graf Montebello, Französischer Botschafter in Petersburg.
**) Marchese Sauli, Sardinischer Gesandter in Petersburg.

veranlassen, entgegnete er, daß in Baiern kein Kreuzer ein=
gehen werde, weil alle bisher wohlhabenden Leute am Rande
des Ruins ständen; sein Schwiegervater (Seinsheim) habe seinen
Etat von 6 Pferden auf 2 beschränken müssen, und der reiche Graf
Schönborn sei in der peinlichsten Lage; jedermann habe sein Ver=
mögen in östreichischen Papieren, „daher kommt auch", setzte er
naiv hinzu, „bei uns die zornige Stimmung gegen Napoleon".

Die Frau Großfürstin Marie hat vermuthlich eine in
unsren höchsten Kreisen gethane Aeußerung mißverstanden, wenn
sie hieher die Nachricht gebracht hat, es existire für Preußen
aus dem Jahre 1848 (!) her eine Verpflichtung, Oestreich die
Mincio=Linie zu garantiren, und keinen Feind hinüberzulassen.
Ich habe dies dahin berichtigt, daß unter einer solchen Ver=
pflichtung, falls sie Allerhöchsten Orts als existent bezeichnet
worden, nur eine moralische, nicht eine vertragsmäßige werde
verstanden worden sein.

Fürst Gortschakow hat in den letzten Tagen jeden Morgen
mit dem Kriegsminister und dem Chef des Generalstabes (Lieven)
gearbeitet, und heut und morgen finden Conseil=Sitzungen statt,
um dann 14 Tage zu ruhen.

Mit der ausgezeichnetsten Hochachtung verharre ich
Ew. Excellenz
gehorsamster
v. Bismarck.

12.

Bismarck an Minister v. Schleinitz.

Petersburg 11. Juni 1859.

Ew. Excellenz
kann ich von einer äußerlich erkennbaren politischen Thätigkeit
des hiesigen Cabinets auch heut nichts melden. Fürst Gortscha=
kow ist noch in Zarskoe, der Hof in Peterhof, wo ich mich

gestern bei J. M. der Kaiserin Mutter und den Großfürstinnen Marie und Helene im Laufe des Tages befand. Ich hörte dort das, wie man mir sagte von einem deutschen Hof hieher telegraphirte Gerücht, daß Graf Bernstorff[*] nach Berlin berufen sei, um das Ministerium der auswärtigen Angelegenheiten zu übernehmen. Ich halte für meine Pflicht, dergleichen Gerüchte Ew. Excellenz zu melden, wenn sie in den höchsten Kreisen auf diese Weise zu Tage treten, und dort, gleich den erwähnten, einen Eindruck von Bestürzung machen, indem die Nachricht, wenn sie gegründet wäre, hier als ziemlich sicheres Anzeichen gelten würde, daß wir sofortigen Krieg gegen Frankreich beabsichtigten. In anderen Kreisen als bei den höchsten Herrschaften hat das Gerücht nicht verlautet.

Die Nachrichten von den fortdauernden Unfällen der Oestreicher im Felde und von den Siegen der Verbündeten werden hier mit einem Frohlocken aufgenommen, als ob es Triumphe der eigenen Armee wären. Diese Verherrlichung der Französischen Armee in allen Ständen ist so lebhaft, daß sie auch für mich, der ich mich für die Landsmannschaft mit den Oestreichern doch nicht vollständig begeistern kann, ihr Verletzendes hat. Sogar die unteren Stände, wenigstens soweit sie dem Militair angehören, nehmen an diesen Kundgebungen Antheil, in den höheren aber, besonders in Moskau, ist es eine Art von Fanatismus, der gar nicht mit sich discutiren läßt.

J. K. H. die Großfürstin Helene reist heut auf einem Kriegsschiff nach Stettin ab; dagegen ist die Rede davon, die als sicher angesehene Reise J. M. der Kaiserin Mutter bis Ende July oder Anfang August zu vertagen.

Mit der ausgezeichnetsten Hochachtung verharre ich
Ew. Excellenz

gehorsamster
v. Bismarck.

---

[*] Graf Bernstorff, Preuß. Gesandter in London.

13.
Bismarck an Minister v. Schleinitz.

Petersburg 18. Juni 1859.

Ew. Excellenz

werden aus meinem heutigen Immediatbericht geneigtest ersehen, wie sich der Kaiser Alexander über unsre neuesten Maßregeln zu mir ausgesprochen hat. Die Quintessenz davon, die er mir dreimal, und zuletzt nach der Tafel, wiederholte, waren die drei Punkte: Seine Freundschaft für S. K. H. den Prinzen Regenten, bei deren Versicherung er innerlich sehr bewegt war; dann der Wunsch, daß Münster komme, damit alle Verstimmung über dies Thema abgethan werde; und drittens, que la guerre générale dans toute l'Europe deviendrait inévitable, wenn wir Frankreich angriffen. Der letzte Satz ist wohl nicht anders zu deuten, als daß auch Rußland sich dann vom Kriege nicht freihalten könne. Die hiesigen Rüstungen gehn nach allem, was ich in Moskau und sonst habe erfahren können, sehr langsam, also eventuell auf spätes Eingreifen berechnet, oder auf die Hoffnung, daß es überhaupt noch nicht dazu kommt.

Ew. Excellenz werden vielleicht die Gewogenheit haben, bei Sr. Königl. Hoheit zu befürworten, daß die Herkunft Münsters nicht etwa unterbleibt. Es würde das dem Kaiser wiederum einen Anlaß zur Verstimmung geben. Mir wird es schließlich auch sehr lieb sein wenn Münster kommt, denn vier Augen sehn mehr als zwei, und er wird dann im Stande sein, die Entstellungen, die sein Hanöverscher Vetter, ein erblicher Preußenfeind, über meine hiesige Wirksamkeit verbreitet, zu widerlegen. Rechberg soll vor seinem Abgange von Frankfurt geäußert haben, soviel Gewicht werde Oestreich wohl noch haben, um mich unschädlich machen zu können. Daß er kein Mittel dazu scheut, ist bei seinem Character und seinem Haß gegen meine Person wohl denkbar. Ich werde im Laufe des nächsten Monats ein Urlaubsgesuch einreichen, um meine Frau abzuholen, sobald ich mit der Hauseinrichtung fertig bin; bei der Gelegenheit werden Ew. Excellenz mir vielleicht erlauben nach Berlin zu kommen, um mündliche Informationen über Manches einzuholen.

Bei Fürst Gortschakow waren mit dem letzten Schiffe Nachrichten eingegangen, daß bei uns in der That von einem Cabinet-Wechsel die Rede sei. Der Fürst sprach sich dabei, in Uebereinstimmung mit Budbergs Berichten, in der anerkennendsten Weise dahin aus, daß das Vertrauen des hiesigen Cabinets zu dem unsrigen, abgesehn von den persönlichen Beziehungen beider Allerhöchsten Herrn zu einander, vorzugsweise auf die Wirksamkeit Ew. Excellenz im Rathe der Krone basirt sei. Auf der hiesigen Börse soll heut ein Anschlag des Finanz-Ministers aushängen, mit der Nachricht daß Preußen die Vermittlung behufs Zusammentritts eines Congresses übernommen habe.

Der Abgang des Schiffes nöthigt mich zu schließen, nachdem ich in meinen Arbeiten für diese Expedition dadurch sehr behindert worden bin, daß ich drei Tage der Woche in Zarskoe und einen in Peterhof am Hofe und in Geschäften zuzubringen hatte.

Mit der ausgezeichnetsten Hochachtung verharre ich
Ew. Excellenz
gehorsamster
v. Bismarck.

14*).
Minister v. Schleinitz an Bismarck.

Berlin, d. 24. Juni 1859.

Eurer Hochwohlgeboren
empfinde ich das Bedürfniß endlich einmal meinen wärmsten Dank auszusprechen für die vielen und interessanten Privat-

---

*) Anhang zu den Gedanken und Erinnerungen von Otto Fürst v. Bismarck Bd. II, S. 298.

mittheilungen, die Sie im Laufe der letzten Monate an mich haben richten wollen.

Ihr letzter umfassender Bericht über die längere Conversation mit dem Kaiser hat auf den Prinzen Regenten einen sehr guten Eindruck gemacht. Auch mir ist es sehr erfreulich gewesen, daß man unsere Mobilmachung in Petersburg so ruhig, billig und verständig zu beurtheilen scheint. Für mich ist dabei die Betrachtung entscheidend gewesen, daß Preußen in Zeitläuften, wie die jetzigen, einer activen schlagfertigen Armee gar nicht entbehren kann, daß aber eine solche ohne ganze oder theilweise Mobilisirung überhaupt nicht besteht, und daß man daher zu dieser immerhin sehr lästigen und bedenklichen Maßregel schreiten muß, wenn nicht von Haus aus auf eine rasche und energische Action verzichtet werden soll. Was den Umfang der Aufstellungen betrifft, so hätte ich mich allerdings gern mit etwas wenigerem begnügt, denn die Schwierigkeit, so große Massen unbeschäftigt unter den Waffen zu halten, wird ohne Zweifel noch vielfach in störender, vielleicht gefährlicher Weise dem Gange einer bemessenen und leidenschaftslosen Politik in den Weg treten. Glücklicherweise ist der Kriegsfuror in Preußen beinahe gänzlich erloschen und im übrigen Deutschland doch auch im Abnehmen begriffen, und zu diesem letzteren Resultate hat unsere Mobilmachung, die den guten Leuten den Ernst der Lage vor Augen geführt, nicht unwesentlich beigetragen. In unseren maßgebenden Kreisen ist besonders seit einigen Tagen gleichfalls eine bei weitem ruhigere und objectivere Anschauung hervorgetreten, und so darf man an der Hoffnung festhalten, daß Preußen entweder sich ganz aus diesem Kriege fernhalten oder es doch mindestens vermeiden werde, sich in ganz kopfloser Weise und unter den ungünstigsten Constellationen hineinzustürzen. Wir werden in diesen Tagen in Petersburg und London Mittheilungen machen, die den ersten Anstoß zu einer Verständigung über eine gemeinschaftliche Friedens- und Vermittelungsbasis geben sollen. Sie werden dort hoffentlich befriedigen, da sie nichts präjudiziren und sich in Form und Inhalt von der Prätension eines Ultimatums oder eines endgültigen und unabänderlichen Entschlusses fern halten. Es ist wichtig, daß diese Schritte in Petersburg einer möglichst friedlichen und eingehenden Aufnahme begegnen, um dadurch unser Cabinet auf dem Standpunkt der Gemeinsamkeit mit den andern neutralen Mächten so lange als möglich festzuhalten. Gar zu lange darf die Ungewißheit freilich auch nicht dauern, denn das halten wir nicht aus; da ganz in der Kürze eine große Schlacht bevorzustehen scheint, ist indeß auch zu hoffen, daß bald der Moment der friedlichen Intervention gekommen sein wird. Die Richtigkeit des von Ihnen selbst vielfach angedeuteten Factums, daß mancherlei gegen Ihre Person und gegen Ihre amtliche Wirksamkeit gerichtete Insinuationen hierher gelangt sind, vermag ich allerdings nicht in Abrede zu stellen, kann jedoch zugleich hinzufügen, daß es mir gelungen ist, mit Ihren Berichten in der Hand denselben mit Effekt entgegenzutreten. Wenn ich mir nichtsdestoweniger die Bitte gestatte, daß Euer Hochwohlgeboren Sich auch in Ihren außeramtlichen Gesprächen und Beziehungen möglichst dem Standpunkte Ihrer Regierung conformiren möchten, so ist diese Bitte vielleicht ganz überflüssig, allein der Wunsch, den Angriffen der Gegner nach keiner Seite hin eine Blöße darzubieten, hat mich dennoch vermocht, sie Ihnen auszusprechen.

Die militärische Deputation zur Einweihung des Denkmals für Kaiser Nicolaus wird in Petersburg erscheinen und mit ihnen der erst perhorrescirte, nun erbetene Münster. Der Prinz-Regent ist auf diese Idee sehr bereitwillig eingegangen und freut sich im Grunde, daß auf diese Weise der ihm selbst sehr schmerzliche Mißton in den Beziehungen zu seinem kaiserlichen Neffen definitiv beseitigt wird.

Die Bewilligung des von Ihnen für nächsten Monat gewünschten Urlaubs wird, denke ich, keine Schwierigkeiten haben. Indessen, wer weiß, wo bis dahin die Welt steht.

Mit aufrichtiger Hochachtung und Ergebenheit

ganz

Ihr

Schleinitz.

15.
Bismarck an Minister v. Schleinitz.

Petersburg 9. July 1859.

Ew. Excellenz

sage ich meinen verbindlichsten Dank für das freundliche Schreiben mit dem Sie mich beehrt, und für den Schutz, welchen Sie mir gegen die persönliche Anfeindung deutscher Bundesgenossen und vielleicht auch engerer Landsleute gewährt haben. Nachdem ich seit dem Montag täglich entweder in Zarskoe oder Strelna oder Peterhof und hier bei dem sechsstündigen Einweihungsfest in Staats- und Hofdienst war, habe ich nur eben die Zeit gefunden einen flüchtigen Bericht über die Entwicklung unsrer Vermittlungs-Angelegenheit zu dictiren. Ich fand Gortschakow bei der ersten Eröffnung etwas lau, und obgleich er seine Antwort vom Kaiser in zwei Stunden, noch ehe ich Zarskoe verließ, erhielt, so theilte er mir doch noch nichts davon mit, sondern telegraphirte erst nach Paris den Auftrag sofort bei Napoleon anzufragen. Der Kaiser muß es so befohlen haben, und es ist wohl richtig, daß ohne Frankreich nicht zum Frieden zu gelangen ist, aber ich konnte doch einiges Befremden über diesen Intimitäts-Vorzug Frankreichs vor Preußen nicht verhehlen. Ich machte bemerklich, daß wir eine preußisch-russische Vermittlung bei Frankreich, aber nicht eine französisch-russische Preußen gegenüber erstrebten, und daß ich nach den mündlichen Äußerungen Sr. Majestät über Rußlands

Verhältniß zu uns, geglaubt hätte, daß eine offene Aussprache zwischen uns auch ohne Frankreichs Mitwirkung stattfinden könne. Er beruhigte mich mit der Verweisung auf unsere, mir nicht bekannte, vorgängige Anfrage in Wien, und mit der Nothwendigkeit, Frankreich nicht in die Stellung zu bringen, als werde ihm die Vermittlung aufgedrungen, nachdem einige Empfindlichkeit im Ehrenpunkt schon durch unsre Mobilmachung in Paris erregt sei; je höflicher man in der Form der Einleitung für Frankreich sei, desto mehr könne man auf Mäßigung im Sachlichen daselbst rechnen. Ich fuhr fort einige Verstimmung an den Tag zu legen, bis mich Gortschakow vorgestern bei dem Fest aufsuchte um mir zu sagen, qu'on acceptait avec empressement et sans phrase, et que l'on concéderait volontiers à la Prusse l'honneur de la direction d'une affaire, dont le succès serait dû à son initiative. Mag nun selbstständiger Entschluß des Kaisers oder das Einverständniß Frankreichs den überwiegenden Antheil daran haben, jedenfalls war diese letztere Äußerung, deren Essenz ich nur wiedergebe, so eingehend wie möglich und nach Ton und Form von dem Wunsche dictirt, uns den Eindruck der vollsten entente cordiale zu machen. Auch Münster sagt mir, daß er mit den Auslassungen des Kaisers gegen ihn sehr zufrieden ist, während nach Gortschakows Version S. Majestät sich vielleicht in zu lebhaften Äußerungen gegen Münster, für den Fall wir zum Kriege schreiten sollten, ergangen hätte. Unter den russischen Militairs, auch denen der sogenannten deutschen Parthei, ist übrigens die Stimmung gegen Oestreich noch immer so, daß mir der Baron Lieven, ein älterer Herr und Chef des Generalstabes, gestern sein lebhaftes Bedauern über die Nachricht von einem Waffenstillstand äußerte, weil die Nemesis ihr Werk an Oestreich noch lange nicht vollendet habe. Ich fürchte nun leider daß dieser Göttin die Gelegenheit zur Fortsetzung ihrer Thätigkeit durch diese Pause nicht wird benommen werden.

Oestreich wird thun was es kann, um das Vermittlungswerk scheitern zu lassen; Széchényi*) sagt mir das ganz offen mit dürren Worten, und solange Grf Rechberg Hoffnung hat, die Armee und die Finanzen Preußens für Oestreich „auszunützen" zu können, wird er jedenfalls lieber versuchen, ob Preußisches Blut Italien nicht wieder ankitten kann, ehe er es aufgiebt. Die Schläge die uns treffen thun ihm nicht weh, und sollte der Verbrauch unsres Vermögens den Bankrott nicht abwenden können, so ist Oestreich dabei doch vielleicht im Stande, sich aus der gemeinschaftlichen Masse auf unsre Kosten schadlos zu halten. Ich fürchte, wenn wir Krieg machen, Oestreichs Verrath mehr als Frankreichs Waffen. Von der bairischen Armee hat es hier eine eigene Vorstellung erweckt, daß ein Bedienter des Grf. Montgelas, und zwar ein gewöhnlicher, auf dem Wagen stehender Livreediener, zum Offizier in derselben ernannt ist; seine Qualification besteht in einem Schnurrbart und in der Gabe des Lesens und Schreibens. Montgelas ist einfältig genug die Sache selbst zu erzählen, weil er sich dadurch gehoben fühlt, daß sein Lakai des porte-épée's gewürdigt wird. Ich hoffe daß mein Urlaub in Gnaden bewilligt werden wird, ich bin seit meiner Ankunft noch nicht gesund gewesen, und verspreche mir Besserung von einer Luftveränderung, und von dem Aufhören dieses ungewohnten garçon=Lebens.

Mit ausgezeichneter Hochachtung verharre ich

Ew. Excellenz

gehorsamster

v. Bismarck.

---

*) Graf Széchényi, Oesterreich. Geschäftsträger in Petersburg.

16*).
Bismarck an Minister v. Schleinitz.

Berlin 25. September 1859.

Ew. Excellenz

beehre ich mich verabredeter Maßen zu melden, was ich hier mit Budberg besprochen habe. Ich konnte aus seinen Äußerungen schließen, daß die Frage ob und wie beide Allerhöchste Herrschaften zusammentreffen könnten, schon Gegenstand der Erwägung mit ihm gewesen ist, und daß der Kaiser einerseits die Zusammenkunft lebhaft wünscht, während er andrerseits findet, daß sie nicht in unmittelbarer Nähe des Königlichen Krankenlagers stattfinden könne, so lange der Zustand Sr. Majestät ein solcher sei, daß jeder Zutritt, auch der äußeren Form nach, untersagt bleibe. Nach des Kaisers Ansicht würde es, ebenso wie auf sein eigenes Gefühl, so auch auf die öffentliche Meinung einen peinlichen Eindruck machen, wenn er sich am diesseitigen Hoflager auf Besuch einfinde, ohne einem so nahen Verwandten wie dem Könige in einem so schweren Leiden, irgend einen unmittelbaren Beweis der Theilnahme geben zu können.

Nach meiner Auffassung der Gefühlsweise des Kaisers glaube ich, daß diese Version Budbergs die einfache Wahrheit ist, und daß ein etwaiges Bestreben, die Zusammenkunft auf russisches Gebiet zu verlegen, keinen Antheil an seinen Auslassungen hat, wenn schon er andeutete, daß das Erscheinen des Kaisers Franz Joseph in Warschau nicht außer dem Bereich des Wahrscheinlichen liege. Ich sagte ihm, daß ein wiederholter Besuch S. K. H. des Regenten in Warschau, nach meiner persönlichen Auffassung, den für uns wünschenswerthen

---

*) Im Anhang zu den Gedanken und Erinnerungen von Otto Fürst v. Bismarck Bd. II, S. 301 ff. aus dem Concept mitgetheilt. Die obige Reinschrift enthält einige redactionelle Veränderungen.

Eindruck auf die politische Welt verfehlen werde. Er brachte darauf Breslau zur Sprache, und fragte ob dort wohl Truppen genug wären, um dem Kaiser eine Revüe zu geben. Ich erwiederte: Truppen genug, aber es scheine mir des durchsichtigen Vorwandes einige Regimenter zu sehen, gar nicht zu bedürfen, sondern der frühere Besuch S. K. H. des Regenten, die nahe Verwandtschaft, die schwebenden politischen Fragen, würden es gewiß vor aller Welt natürlich erscheinen lassen, wenn der Kaiser und sein durchlauchtigster Oheim sich zu sehen und zu besprechen wünschten. Budberg stimmte dem bei, erklärte sich selbst lebhaft dafür zu interessiren, und meinte mir, daß irgend eine vertrauliche Anregung, eine Andeutung, daß sein Besuch gern gesehen werde, etwa durch Loën, dem Kaiser den Anstoß geben müsse, wenn er nach Preußen kommen solle. Wäre der König in seinem leidenden Zustande nicht gerade in der Residenz anwesend, so würde, bei den Dispositionen des Kaisers, nichts der Art nöthig sein, um ihn nach Berlin zu führen, so aber scheine Breslau der einzige geeignete Ort.

Fürst Gortschakow wird sich schon einige Tage vor dem Kaiser in Warschau einfinden. Wenn S. K. H. der Prinz Regent es vielleicht angemessen hielten, daß ich mich zur Zeit der Ankunft des Kaisers in Warschau an das dortige Hoflager begäbe, wozu meine dienstliche Stellung einen natürlichen Vorwand bietet, und eine Einladung nach Breslau vermittelte, so würde ich mich dem mit Vergnügen unterziehn und um geneigte Befehle bitten. Meine Überzeugung daß die entrevue und deren politischer Eindruck für uns sehr wünschenswerth sei, kann ich nur gehorsamst wiederholen.

Mein Freund Unruh*) hat mich gestern hier aufgesucht um mir zu sagen daß die Antwort auf die Stettiner Adresse durchaus günstig gewirkt habe. Er erzählte mir als Zeichen der

---

*) H. Victor von Unruh.

Stimmung, daß der sonst sehr avancirte Demokraten=Häuptling Metz aus Darmstadt in Frankfurt unter Beifall seiner Gesinnungsgenossen ausgerufen habe: Lieber das schärfste Preußische Militairregiment als die kleinstaatliche Misere. Unruh's Freunde hofften in der Presse bald eine diesseitige Entgegnung auf die Oestreichische Note an den Herzog von Coburg zu finden, in welcher wenigstens die Mangelhaftigkeit der jetzigen Bundesverfassung offen anerkannt würde.

Ich gehe heut von hier nach Reinfeld bei Zuckers in Pommern ab. Für meine Reise mit Familie nach Petersburg wollte ich mir einen großen Diligence=Wagen auf die Gränze bestellen, wozu ich etwa 10 Tage vorher in Petersburg Auftrag geben muß. Falls ich daher Weisungen erhielte, die auf Beschleunigung oder Verzögerung meiner Reise von Einfluß wären, so würde ich Ew. Excellenz zu gehorsamsten Danke verpflichtet sein, wenn mir dieselben zeitig nach Reinfeld zugingen. Wenn Sie keine Befehle für mich haben, so würde ich meine Carawane etwa in 14 Tagen gegen Norden in Bewegung setzen, um in mäßigen Etappen über Riga Pskow zu erreichen.

Mit ausgezeichneter Hochachtung verharre ich

Ew. Excellenz

gehorsamster

v. Bismarck.

17*).

Minister v. Schleinitz an Bismarck.

Baden d. 29. Sept. 1859.

Verehrter Freund,

die Art und Weise, wie Sie das Thema der Entrevue mit Herrn v. Budberg besprochen, ist in vollster Uebereinstimmung

---

*) Anhang zu den Gedanken und Erinnerungen von Otto Fürst v. Bismarck Bd. II, S. 204.

mit dem, was unser Allergnädigster Herr in dieser Beziehung
denkt und wünscht. Zwar meint S. Königliche Hoheit, daß, da
Niemand, selbst nicht die eignen Geschwister den kranken König
sehen, auch der Kaiser von Rußland füglich dieselbe Position ac=
ceptiren könne und sich aus diesem Grunde von einem Besuche in
Berlin nicht abhalten zu lassen brauche. Allein auch der Prinz
ist der Ansicht, daß unter den obwaltenden Umständen eine Zu=
sammenkunft an einem dritten Orte vielleicht vorzuziehen sei,
und er erklärte sich mit Breslau vollkommen einverstanden. Ich
werde nun entweder durch Loën, von dem weder der Prinz noch
ich wissen, ob er den Kaiser auf seiner Reise begleitet oder nicht,
oder durch Budberg den weitern Impuls geben, damit die
Sache möglichst bald ins Reine komme. Da hiernach die
Wahrscheinlichkeit dafür spricht, daß die Idee zur Ausführung
kommen werde, und wenn dieß auch in der Eremitage*) nicht
geschehen sollte, jedenfalls das Decorum zu verlangen scheint,
daß Sie während der Anwesenheit des Kaisers in Warschau
Sich dort einfinden, so scheint es mir das Zweckmäßigste zu
sein, wenn Sie Ihrer Abreise nach Petersburg vorläufig noch
Anstand geben, was hoffentlich mit nicht zu großen Nachtheilen
und Unbequemlichkeiten hinsichtlich der Beschwerden der Ueber=
siedelung Ihrer Familie verbunden sein wird.

Die Unruh'sche Mittheilung constatirt ein ebenso merk=
würdiges als erfreuliches Factum. Den Wunsch wegen Ver=
öffentlichung unserer Antwort in Sachen Oesterreich contra
Coburg werden wir denke ich bald erfüllen können.

Zum Schlusse entledige ich mich der Aufträge zweier schönen
Damen, indem ich Ihnen von Seiten Ihrer Majestät der Königin
von Holland**) deren lebhaftes Bedauern auszudrücken habe,
Sie wegen einer angeblichen Veränderung in Ihrer äußern
Erscheinung hier auf der Promenade nicht sogleich, sondern erst

---

*) Zu Warschau.
**) Sophie, geb. Prinzessin von Württemberg.

ex post erkannt zu haben, während die Fürstin Obolenski mich ersucht hat, Ihnen zu sagen, wie sehr Sie ihr hier fehlen, wobei sie meiner Feder überläßt, Sie gleichzeitig in ihrem Namen mit einer Fülle von Liebenswürdigkeiten zu überschütten. Diesem erfreulichen Mandate mit Vergnügen, wenngleich wegen Mangels an Zeit und Raum nur summarisch entsprechend bin ich mit innigster Hochachtung

Ihr

treu ergebenster

Schleinitz.

18.
Bismarck an Minister v. Schleinitz.

Reinfeld 8. October 1859.

Verehrtester Freund und Gönner

Mit dem verbindlichsten Danke habe ich Ihr freundliches Schreiben aus Baden vom 29. v. M. erhalten, und mir danach die Berechnung gemacht, daß ich am Ende nächster Woche, etwa den 15., hier aufbrechen, und am 16. in Berlin eintreffen würde. Ich hatte dabei die Zeitungsangabe, daß der Kaiser am 20. nach Warschau kommen werde, zum Maßstabe genommen. Nun lese ich heut in einem Berliner Blatte die dreiste Behauptung, daß unser selbstherrschender Neffe „zu Ende nächster Woche in Berlin erwartet werde". Ich glaube bisher nicht daran, aber es wäre doch möglich, daß der Reiseplan sich geändert, und daß vielleicht die Einwendungen, mit welchen ich im Gespräch mit Budberg die Bedenken gegen einen Besuch in Berlin selbst zu entkräften suchte, gemeldet und gewürdigt worden wären. Wie dem auch sei, sollte es Ihnen aus irgend einem Grunde erwünscht sein, daß ich früher als am 16. in Berlin eintreffe, so bin ich jedes Winks gewärtig, und bitte nur ihn mir, wenn es eilig ist, telegraphisch per Station Stolp in Pommern zugehn zu lassen. Unsere postalischen Beziehungen hier in den cassubischen Bergen erfreun sich noch nicht derselben Durchbildung wie in den bewohnteren Theilen der Monarchie, und insbesondere besteht für Berliner Briefe die eigenthümliche Einrichtung, daß sie in Stolp beinah 24 Stunden ausruhn, bevor sie mit einer Seitenpost für die letzten 4 oder 5 Meilen ihres Weges instradirt werden.

S. K. H. der Prinz Regent wird wohl die Gnade haben, mir nach Warschau, als ostensiblen Grund des Erscheinens, ein Schreiben mitzugeben, welches, wenn dies noch erforderlich sein sollte, dem Kaiser den letzten Anstoß zur Reise giebt, oder wenn die Reise schon feststeht, mir lediglich als Einführung, im Style nachbarlicher Begrüßung, dient. Findet S. K. H. keine Veranlassung zu einem solchen Schreiben, so würde eine vertrauliche Mittheilung an Budberg in Betreff meiner Reise wohl ausreichend sein um dieselbe einzuleiten.

Nach den Zeitungen scheint es ja in der That, daß die Mittelstaaten uns die Pistole vorhalten wollen, um uns Reform-Vorschläge abzudringen oder uns zu dem Eingeständniß zu nöthigen, daß auch wir die Quadratur des deutschen circulus vitiosus nicht zu lösen vermögen. Auf eine so dreiste Anfrage ließe sich in mannigfachen Tonarten antworten; die Bundesverfassung in thesi und die Art wie man sie seit 1850 hat auslegen und handhaben wollen, bieten uns reichen Stoff zu einer kräftigen Erwiederung, vorausgesetzt daß wir jenen Cabineten nicht den Gefallen thun, ihrer Kritik positive Vorschläge einer idealen Verfassung Deutschlands vorzulegen, sondern das Bessermachen der „bundesfreundlichen Erwägung Aller" zuschieben, welcher durch einseitige Forderungen vorzugreifen wir uns nicht erlauben.

In der Hoffnung baldigen Wiedersehns schließe ich mit der Versicherung meiner aufrichtigen Verehrung und Anhänglichkeit

v. Bismarck.

19.
Bismarck an Minister v. Schleinitz.

Reinfeld 12. October 1859.

Hochgeehrter Freund und Gönner

Zu meiner Überraschung erhalte ich gestern Abend einen Brief von Budberg mit der telegraphischen Benachrichtigung aus Petersburg, daß der von mir gewünschte Reisewagen (Post=Diligence) am Freitag in Tauroggen eintreffen werde. Meine Verabredung mit Budberg war gewesen, daß er besagten Wagen einstweilen nur en principe für mich bestellen, und ich 10 Tage ehe ich ihn brauchte durch Telegraph den Zeitpunkt bestimmen würde, wo er in Tauroggen sein sollte. Es ist nun möglich daß Budberg, bei der Besprechung an wichtigere Dinge denkend, die Verabredung einfach nicht verstanden, und angenommen hat, daß meine Abreise definitiv auf die erste Woche dieses Monats festgesetzt sei, während ich ihm diesen Termin nur als einen eventuellen für den Fall nannte, daß höheren Orts nichts bestimmt würde, was mich aufhalten könnte. Es ist aber auch möglich, daß Budberg oder Gortschakow aus irgend einem Grunde meine Anwesenheit bei der Zusammenkunft der allerhöchsten Herren, oder meine Reise nach Warschau nicht wünschen, daß Budberg, der in Geschäften etwas eifersüchtig, im Grunde seines Herzens auch östreichischer ist als ich, ohne mich zu sein wünscht. Jemand bezeichnete mir in Petersburg die Wiederanknüpfung der Freundschaft mit Oestreich als „das Pferd auf welchem Budberg hoffe in das Ministerium einzureiten". Das Alles sind vielleicht Gebilde meiner unbeschäftigten Phantasie in dieser Einsamkeit. Aber ich muß nach Budbergs Brief wenigstens annehmen, daß er von meinem nochmaligen Kommen nach Berlin und von der Warschauer Absicht nichts weiß oder nichts wissen will, denn er sagt keine Sylbe davon und wünscht mir einfach glückliche Reise.

Da ich nun nicht weiß, ob und was Ew. Excellenz mit ihm über diese Dinge schon gesprochen haben, und ihm weder mehr noch weniger von hier schreiben möchte, so antworte ich ihm einstweilen nicht, sondern nehme mir die Freiheit Ihre Vermittlung anzurufen, vielleicht in der Form, daß Sie die Güte hätten ihm zu sagen, ich schriebe bei Gelegenheit anderweiter Correspondenz, daß ich gerade einen Brief von ihm erhielte, den ich noch beantworten würde, und der mich in Verlegenheit setzte, weil ich nicht wüßte wie lange der Wagen in Tauroggen auf mich warten könne. Da der Zeitpunkt meiner Reise ganz von Ihrer Bestimmung abhängt, und ich weder ein leibliches, noch geistiges Bedürfniß habe zu remonstriren, so wäre ich sehr dankbar wenn Sie Budberg sagen wollten, wann ich ungefähr reisen soll, damit er seinen voreiligen Wagen danach instruirt. Erhalte ich bis dahin nicht andere Weisung, so bleibe ich bei der Angabe meines letzten Schreibens und treffe am 16. in Berlin ein; bis dahin klärt sich auch wohl auf, ob jener Wagen ein „Wink", eine Intrigue oder ein Mißverständniß ist.

In freundschaftlicher Verehrung und Anhänglichkeit verharre ich

Ew. Excellenz
treu ergebener
v. Bismarck.

20.

Bismarck an Minister v. Schleinitz.

Hohendorf 19. Dezember 1859.

Verehrtester Freund und Gönner

meine Besserung ist Gott sei Dank so weit vorgeschritten, daß ich mir wieder gestatten darf die Feder zur Hand zu nehmen und mein anliegendes Urlaubs-Gesuch noch mit einem privaten Ausdruck meiner Dankbarkeit für Ihre Theilnahme und Ihr Wohlwollen zu begleiten.

Der Rückfall meiner Krankheit war fast ernsthafter als der erste Ausbruch; ich fürchtete Nervenfieber, Typhus und dergleichen. Ich sehe das Ganze als eine Explosion alles des Aergers an, den ich 8 Jahre hindurch in Frankfurt angesammelt habe, über alle die Dinge die ich sah, ohne sie ändern zu können, ohne in Berlin auch nur Glauben zu finden, außer bei H. von Manteuffel, der eine ganz klare Einsicht in die Sachlage hatte, aber nicht immer für gut fand, dieser Einsicht gemäß zu handeln. Wenn man täglich contre vent et marée, so zu sagen am kurzen Ende des Hebels arbeitet, dabei den schlimmsten Widerstand aus dem eigenen Lager und von den früheren Freunden erfährt, den Gegner stätig Terrain gewinnen sieht, so muß man nach Jahren hoffnungslosen Ringens entweder zu einer hochdiplomatischen Gleichgültigkeit gegen die zukünftigen Geschicke des eigenen Landes, oder zum Bankrott seiner privaten Nerven gelangen. Der war bei mir eigentlich schon eingetreten, als ich nach Petersburg kam, und das dortige Klima hat nichts weiter gethan, als diese Thatsache zur klaren Anschauung zu bringen. Verzeihn Sie einem Kranken, daß er es nicht lassen kann, von seinen Leiden und dessen Ursachen zu reden.

Meine Frau hat mir heut einen Brief vorgelegt, den mein Schwager in Folge einer Unterredung mit Ihnen geschrieben hat. Ich sehe die Nothwendigkeit einer Vertretung, ihre Unvermeidlichkeit, sobald Gortschakow nicht selbst zum Congreß geht, vollkommen ein, obschon mir dabei zu Muthe ist, wie einem thatendurstigen Lieutenant, der im Kriege wegen Engbrüstigkeit zum Garnisondienst commandirt wird.

Wenn ein Stellvertreter für mich nach Petersburg geht, so würde ich demselben dankbar sein, wenn er meine, in ihrer

Verlassenheit verfallende, Wohnung benutzen wollte. Dieselbe ist seit dem July auf stündlich zu erwartende Ankunft meiner Familie gerüstet; Dienerschaft, Möbel, Wagen, Pferde (Wagen- und Reit-) Silber, Wäsche und Geschirr jeder Art, so daß mein Vertreter, dem ich Alles gern zur Disposition stelle, im Zustande primitiver Entblößung an der Thüre erscheinen kann, und sich mit seinem Eintritt in den Besitz allen dessen setzt, was zum Bedarf eines gesandtschaftlichen Hauses gehört, zum nothwendigen wie zum ornamentalen. Für meinen Haushalt wäre es dabei eine Wohlthat, wenn die Diener vor dem Müßiggang, die Pferde vor dem Steifwerden und die Sachen vor Rost und Motten bewahrt würden; besonders seit mein major domus, Klüber, verreist ist, der alle Zahlungen und den Empfang der vielen vom Auslande noch immer kommenden Vorräthe und Sachen besorgte, bin ich etwas ängstlich über die Gestaltung meines unter Croy's Vormundschaft verwaisten Haushaltes.

Sollte mein Befinden in einigen Wochen von der Art sein, daß die Aerzte mir zwar einen Ausflug nach Berlin, aber keine Reise nach Rußland gestatteten, so würde ich mich sehr freuen, wenn ich Ihnen mit irgend welchen Dienstleistungen in landtäglichen Sphären nützlich werden könnte. Wenn auch einige Fanatiker unter den „Wienern in Berlin" welche die Kreuzzeitungs-Opposition unterhalten, keiner Verständigung zugänglich sind, so glaube ich doch auf das politisch nüchterne gros der Landjunker Einfluß üben zu können, wenigstens vermochte ich es noch auf dem Regentschafts-Landtage, dem letzten an dem ich mich thätig betheiligte. Meine Hoffnung ist indessen, daß mir Aeskulap gestattet, mit Ablauf der mir jetzt gestellten Genesungsfrist direct in meine nordische Häuslichkeit zu eilen, denn die provisorischen Existenzen in Gasthöfen und bei Gastfreunden, die ich seit so langer Zeit führe, haben mir rechtes Heimweh nach einer bleibenden Stätte gegeben. Leider ist mir mein Petersburger Haus zum 1. Juni a. St. wieder gekündigt und es drängt mich schon das Bedürfniß, für anderweites Unterkommen zu sorgen, zur Reise.

Der deutschen Politik folge ich in den Zeitungen noch immer mit Vorliebe. Ich glaube die jetzigen Vorgänge sprechen zu Gunsten meiner Meinung, daß wir keine Wahl haben, als entweder der erste unter den deutschen Mittelstaaten freiwillig sein zu wollen oder zwischen uns und dem östreichisch-würzburgischen Bundestage wenigstens eine Trennung von „Tisch und Bett" herzustellen, da die volle Scheidung und anderweite Wiederverheirathung vertragsmäßig nicht zulässig ist. Das Referat über die Reform des Heeres hat man uns zugeschoben. Könnte man die Gelegenheit nicht benutzen um, etwa unter Herstellung eines „Hessischen" Armee-Corps, für uns ganz offen das Ober-Commando über das 9. 10. und das Hessische Corps, mit rein politischer, auf unsere Macht und unsren Mangel an Rechten gestützter, Motivirung zu fordern? Doch ich will nicht ohne Acten-Kenntniß politisiren.

Mit aufrichtigster Verehrung und Anhänglichkeit
Ihr
ergebenster Freund und Diener
v. Bismarck.

21.
Bismarck an Minister v. Schleinitz.

Hohendorf 29. Dezember 1859.

Verehrtester Freund und Gönner

soeben geht mir in einem Privatbrief die Nachricht zu, daß unter den eventuell nach Petersburg zu schickenden Vertretern vorzugsweise Harry Arnim*) und Georges Werthern**) genannt

---
*) Harry von Arnim, Preuß. Legations-Secretär in Wien.
**) Georges Werthern, Preuß. Gesandter in Athen, vgl. Nr. 6.

werden. Wird die, für mich finanziell voraussichtlich schmerzhafte Vertretung, dadurch zu einer Nothwendigkeit, daß Gortschakow nicht nach Paris geht, oder erfordern sie die Geschäfte auch ohne dieses, so wäre mir Arnim unter den disponibeln Persönlichkeiten am meisten persona grata, und auch durchaus geeignet mit dem Fürsten gut zu stehen und demselben den Eindruck zu machen daß er verstanden und gewürdigt wird. Wenn Ew. Excellenz in gewohnter Güte meinen Wünschen und Bitten nach Möglichkeit Rechnung tragen wollen, so erlaube ich mir vor Allem von Werthern abzurathen.

Derselbe ist von Gortschakow in vollstem Bruche geschieden. Ich will lieber auf jede Gefahr hin in den nächsten Tagen die Reise nach Petersburg antreten.

Mit meiner Gesundheit geht es langsam besser, aber wie es scheint diesmal sicher. Seit das Wetter milder ist, fahre ich im offenen Schlitten aus, und die frische Luft stärkt mich besonders.

Mit der aufrichtigsten Verehrung verharre ich

E:v. Excellenz

treu ergebener

Freund und Diener

v. Bismarck.

22*).

Minister v. Schleinitz an Bismarck.

Berlin den 31. December 1859.

Verehrter Freund,

Zu wie großer und aufrichtiger Freude es mir gereicht, daß nun Ihre Reconvalescenz als eine Wahrheit in des Wortes

---

*) Anhang zu den Gedanken und Erinnerungen von Otto Fürst v. Bismarck Bd. II, S. 306.

weitester Bedeutung betrachtet werden kann, brauche ich Ihnen nicht zu sagen. Diese Freude würde allerdings eine noch größere sein, wenn Ihre Gesundheit Ihnen schon jetzt oder in nächster Zukunft gestattet hätte, einen Posten wieder einzunehmen, auf welchem Sie gerade jetzt unentbehrlich und meiner Ueberzeugung nach durch Niemand auch nur in provisorischer Weise zu ersetzen sind. Indessen war der jetzige Zustand nicht mehr zu halten, theils der Sache wegen, theils gegenüber den wiederholten Andeutungen, die von Petersburg gekommen sind. Wir sind jetzt in der That, hinsichtlich unserer diplomatischen Vertretung beim Russischen Cabinet, auf dem vollständigsten Nullpunkt angelangt; daß dieß in einem Augenblicke, wo Oesterreich dem Grafen Thun*) carte blanche gegeben hat, auf jede Bedingung hin das alte Verhältniß mit Rußland wieder herzustellen und wo es demnach von höchster Wichtigkeit ist, diese Bestrebungen zu überwachen, die mit der persönlichen Stellung und der Zukunft des Fürsten Gortschakoff in so nahem Zusammenhange stehn, als ein durchaus unzulässiger Zustand bezeichnet werden muß, das, mein verehrter Freund, wird gewiß Niemand bereitwilliger anerkennen als Sie Selbst. Der Congreß ist seit der brochure de l'Empereur überhaupt wieder sehr zweifelhaft geworden, wenn indessen Gortschakoff vorläufig Petersburg auch nicht verlassen sollte, so würde doch wohl eine provisorische Anordnung nicht länger zu umgehen sein. Was die Candidaten betrifft, die hierbei in Erwägung kommen, so ist ihre Zahl sehr gering, von Werthern konnte bei den mir bekannten und von Ihnen hervorgehobenen Verhältnissen nicht die Rede sein. Harry Arnim wäre gewiß eine an sich sehr geeignete Persönlichkeit, allein, da er auch nur Legationssekretär ist, so konnte man ihn nicht ohne sanglante Verletzung dem 1. Sekretär und interimistischen Geschäftsträger in Petersburg

---

*) Graf Thun, Oesterreich. Gesandter in Petersburg.

vorsetzen, es sei denn, daß diesem gleichzeitig ein anderer Posten hätte gegeben werden können, was für den Augenblick unthunlich ist. Unter diesen Umständen erschien als die einzige geeignete und zugleich disponible Persönlichkeit Graf Perponcher, auf den die Wahl des Prinzen Regenten nun auch gefallen ist und der in außerordentlicher Mission nach Petersburg abgehen soll, was allerdings nicht vor Mitte künftigen Monats wird geschehen können, da er bis dahin durch seine Obliegenheiten am Hofe des Prinzen Friedrich Wilhelm hier festgehalten wird. Mein amtliches Schreiben vom heutigen Tage ist dazu bestimmt, Sie von dieser Allerhöchsten Entscheidung in Kenntniß zu setzen, die wie ich hoffe sich Ihrer Billigung zu erfreuen haben wird. Was die häuslichen und pecuniairen Arrangements betrifft, so werden auch diese gewiß sich in einer für Sie befriedigenden Weise erledigen lassen; was ich hierzu beitragen kann, wird sicherlich geschehen. Ich brauche nicht zu wiederholen, daß das vor allen Dingen sowohl für den Regenten als für mich, maßgebende bei der Regulirung dieser Verhältnisse der Wunsch ist, die Bedürfnisse des Dienstes so viel als möglich mit den Rücksichten auf das, was Sie Selbst für räthlich halten, und insbesondere auch auf Ihre Gesundheit in Einklang zu bringen. Können Sie, wie es mir beinahe wahrscheinlich, in den strengen Wintermonaten nicht nach Petersburg zurückkehren, so wird es uns sehr erwünscht sein, Sie wenigstens so bald als möglich hier zu sehn, und Ihr Anerbieten, dem Gros unserer ehrenwerthen Pairs die Fragen auswärtiger Politik in richtiger Beleuchtung vorzuführen, wird eventualiter dankbarlichst acceptirt.

Mit den besten Wünschen für einen möglichst rapiden Fortgang Ihrer Genesung und mit aufrichtigster Freundschaft

Ihr

treu ergebener

Schleinitz.

23.
Bismarck an Minister v. Schleinitz.

Hohendorf 9. Februar 1860.

Verehrtester Freund und Gönner

ich würde Ihnen schon früher geschrieben haben, wenn nicht der auf= und abschwankende Zustand meiner Gesundheit, bei dem Wunsche etwas Bestimmtes über dieselbe melden zu können, mich zu wiederholtem Aufschub veranlaßt hätte. Jedesmal wenn ich mich so fühle, daß ich zu allen Reisen und dienst= lichen Leistungen fähig zu sein glaube, und mit der Absicht umging, mich bei Ihnen vollständig gesund zu melden, wurde ich durch irgend eine Verschlimmerung davon abgehalten, deren Ursache bei der Verweichlichung in die ich nach dreimonatlicher Stubenluft gerathen bin, in sehr geringfügigen Umständen liegen konnte. Ich bin der Meinung daß die Verlängerung dieses schonenden und langweiligen Krankenregimes mehr depri= mirend als fördernd auf mich wirkte, und daß ich mehr aus= halten lernte, wenn ich mir mehr zumuthete. Der hiesige Arzt aber verlangt Schonung und wieder Schonung, wobei seine ärztliche Weisheit allerdings sicherer ist, nicht des Irrthums überführt zu werden. In Betreff meiner Rückkehr nach Peters= burg geht er offenbar von der Voraussetzung aus, daß ich dort jeder Unbill des nordischen Winters bei Tage und bei Nacht schutzlos ausgesetzt sein würde, und natürlich ist es, daß meine Angehörigen von der Furcht angesteckt werden, welche die Schrecknisse des sechzigsten Breitegrades einem Jeden ein= flößen, der ihnen noch nicht näher ins Gesicht gesehen hat.

Bei diesem Zwiespalt meiner Ansichten und Wünsche mit denen meiner ärztlichen und häuslichen Umgebung, möchte ich, mit Ihrer Erlaubniß, zunächst die kleinere Reise nach Berlin versuchen, um zu sehen wie sie mir bekommt, und um dort eine ärztliche Autorität aufzufinden, welche die Verantwortung für meine Reise nach Petersburg zu übernehmen bereit ist. Herr von Below*), der diese Zeilen mitnimmt, will in etwa 8 Tagen, nach Beendigung der Discussion über das Ehegesetz, wieder herkommen, um dann, wenn sich mein Zustand nicht wieder verschlimmert, mit mir wieder nach Berlin zu reisen. Ich würde ihn schon heut begleiten, wenn die allgemeine Opposition dagegen nicht den Arzt auf ihrer Seite hätte, und ich, als scharf verbranntes Kind, das Feuer mit dem man mir droht, doch etwas fürchten gelernt hätte.

In der Politik bin ich nachgerade desorientirt, da ich mich nur aus den Zeitungen au fait halten kann. Aus dem Mißtrauen mit welchem ganz Europa ein vergleichungsweise so unbedeutendes Vergrößerungs-Gelüste Frankreichs wie das Savoyische aufnimmt, läßt sich wenigstens abnehmen, daß ein so unverhältnißmäßiger Machtzuwachs Frankreichs, wie die Rheingränze ihn gewähren würde, von allen Staaten, auch abgesehen von ihrem Verhältnisse zu Preußen, lediglich im Interesse des Gleichgewichts, mit dem Schwerte bestritten werden würde, und daß wir uns mit diesem Popanz so sehr nicht einschüchtern zu lassen brauchen. La prépondérance que donnerait à la France un agrandissement aussi démesuré, ne manquerait pas „d'engendrer" une coalition de l'Europe entière, qui viendrait nous reprendre ces provinces; cela ne serait qu'un dépôt, sagte mir buchstäblich der Kaiser Napoleon im Jahre 1857, und ich halte es noch heute für wahr. Eine Eroberung dagegen, die sich ihm aufdrängen wird, das ist der Rheinbund der Würzburger. Das dynastische Interesse führt sie unabänderlich dahin, und es ist stärker in den Fürsten, als das deutsche, trotz aller Redensarten; auch bei uns ist es so, und mit mehr Recht, aber wir müssen nur nicht glauben daß die Andern

---

*) v. Below-Rutzau, Mitglied des Abgeordneten-Hauses.

edler oder einfältiger sind als wir, und daß Hanover, Hessen oder Baiern jemals anstehen werden ihre dynastischen Interessen zu retten oder auch nur zu fördern, wenn ihre Bundestreue gegen Preußen das einzige Gegengewicht ist. Würde ein König von Preußen es vor seinem Gewissen verantworten können, wenn er die Existenz von Staat und Volk der Erhaltung des jetzigen Bundessystems und des rechtlichen Bestandes von Darmstadt oder Nassau in demselben, bewußter Weise zum Opfer brächte? Ich glaube alle Preußen werden mit mir die Frage verneinen, und bei den kleinen deutschen Fürsten dürfen wir dreist auf ein noch geringeres Maß von idealem Schwung in der Politik, von opfermuthiger Hingebung für gemeinsame Zwecke, und auf ein größeres von rancune gegen Preußen rechnen, als im umgekehrten Verhältniß. Wir würden uns, wenn das Messer an der Kehle und unser Land in der Gewalt des Feindes wäre, schließlich durch einen Separatfrieden so gut als möglich retten müssen; in derselben Lage sind alle unsere Würzburger Bundesgenossen aber schon dann wenn die Franzosen an der Weser oder am Ober-Main gegen uns ständen, mit dem alleinigen Unterschiede, daß den Größeren unter ihnen alsdann immer noch ein vortheilhafter Friede von Frankreich, und mindestens status quo ante, geboten werden würde. Woher würden diese Regirungen sonst den Muth nehmen, uns in der jetzigen, kriegdrohenden Zeit, bei der offenkundigen Schwäche von Destreich, so dreist und herausfordernd gegenüberzutreten, wenn sie nicht die Rückzugslinie auf den Rheinbund schon ins Auge gefaßt hätten? Auch wenn wir uns gefügig gegen ihre Majoritäten erwiesen, würden wir ihre hingebende Liebe für den Kriegsfall nicht erwerben, das „Hemd bleibt ihnen näher als der Rock", „Würtemberg näher als der Bund", wie mir der kluge alte Herr in Stuttgart*) vor 5 Jahren

---

*) König Wilhelm I. von Württemberg.

selbst sagte. Wenn wir auf Würzburger Beistand gegen Frankreich unsere Hoffnung setzten; so würden wir auf Sand bauen; sie kehren sich im Unglück gegen uns, und sind lästig und begehrlich als siegende Genossen. Was würden wir erst für eine Sprache von ihnen zu hören bekommen, wenn Preußen einmal durch „wirksame Bundeshülfe" gerettet worden wäre, d. h. sich mit eigenen Truppen in einem Bundeskriege siegreich geschlagen hätte!

Unser einziges Mittel, ihnen den Weg nach Paris abzuschneiden, ist immer, daß wir mit Frankreich besser stehn als sie. Wir brauchen deßhalb nicht Frankreichs Complice und Genosse für allerhand verwegene Pläne zu sein; für unsere natürlichen Bundesgenossen, ganz unter vier Augen gesagt, halte ich viel mehr Piemont, gegen Frankreich vorkommenden Falls ebenso wie gegen Oestreich. Für Piemont, wenn es sich auf Preußen stützen könnte, würde Frankreichs Allianz aufhören gefährlich und herrisch zu sein.

Sie sehn, wie ein kranker Mann in seiner Einsamkeit radotirt, wenn er aus den practischen Geschäften heraus ist. Was mich schließlich noch zu sehr interessirt um darüber zu schweigen, ist die Frage, ob die Abgeordneten irgend ein gelegentliches Pronunciamento in der deutschen Politik machen werden. Ich habe von hier kein Urtheil über die Opportunität; prima facie scheint es mir aber, daß das Gewicht unsres Auftretens erheblich wachsen würde, wenn die Regirung ihre Wünsche für Consolidirung der Bundesverfassung, die jetzigen Mängel derselben und die, theils verfassungsmäßigen, theils von Würzburg und Wien aus künstlich bereiteten Schwierigkeiten der Stellung Preußens im Bunde, ruhig aber offen darlegte. Es herrscht im eigenen Lande, und besonders unter den Alt-Conservativen, eine nebelhaft irrige Vorstellung über das Bundesverhältniß und das was für Preußen darin möglich ist und was die Andern von uns fordern. Es würde nicht schwer sein, beipflichtende und stärkende Manifestationen der Landesversammlung zu erhalten.

Mit der aufrichtigsten Verehrung
Ew. Excellenz
ergebenster
v. Bismarck.

24.
Bismarck an Minister v. Schleinitz.

Berlin 4. April 1860.

Ew. Excellenz

kann ich leider meine Aufwartung heut nicht machen, weil mich über Nacht ein Unwohlsein befallen hat, welches mir nicht erlaubt auszugehen. Mein Diener war schon auf dem Wege, um meinen gestern ertheilten Auftrag Ew. Excellenz um eine Stunde zu bitten, auszuführen, als ich zum Bewußtsein meines leidenden Zustandes gelangte, oder, mit anderen Worten, nach einer übeln Nacht, aufwachte. Ich bedaure sehr daß ich auf diese Weise einstweilen verhindert bin, einem Befehle S. K. H. des Regenten nachzukommen, der mich im Laufe des gestrigen Tages wiederholt zu Ew. Excellenz führte. Derselbe betraf die Kurhessische Angelegenheit und zunächst die Kenntnißnahme von einem Schriftstück, welches die Allerhöchsten Ansichten über diese Frage enthält.

Mit der ausgezeichnetsten Hochachtung
Ew. Excellenz
gehorsamster
v. Bismarck.

25.

Bismarck an Minister v. Schleinitz.

Berlin 9. April 1860.

Ew. Excellenz

würde ich die Anlage schon früher überreicht haben, wenn ich eher als gestern zu einer schmerzfreien schreibenden Haltung befähigt gewesen wäre.

Ich habe, der Abrede gemäß, nur eine flüchtige, ungefähre Skizze hingeworfen; mehr zu thun fehlte die Zeit, die Arbeitskraft, das Acten=Material, und vor Allem der Glaube, daß die Anlage einer andern Bestimmung als dem Papierkorbe entgegengehe. Sollte sie, was ich nicht vermuthe, benutzt werden, so bedürfte namentlich der letzte Theil weiterer Ausführung; dazu müßte man wissen, was wir anregen wollen, und ob der College mit „Volksvertretung am Bunde" geängstigt werden soll. Ich bin dafür, kann aber nicht auf eignen Kopf ein Programm der Art aufstellen.

Wollen E. E. mir im Verlauf des Tages eine Stunde geben die Sache vorzutragen, so bin ich sehr dankbar und im Stande auszugehn.

Die Anlage ohne reines Concept zu lesen, kann ich nicht rathen, und wiederhole daß ich, wenn wirklich Aussicht auf Benutzung derselben wäre, doch eine Sichtung und Ordnung des Raisonnements, und eine sorgfältige Ausarbeitung einiger Theile desselben vorbehalten müßte.

Mit der ausgezeichnetsten Hochachtung verharre ich

Ew. Excellenz

gehorsamster

v. Bismarck.

26.
Bismarck an Minister v. Schleinitz.

Petersburg $\frac{9.\ \text{Juni}}{27.\ \text{Mai}}$ 1860.

Ew. Excellenz

sind durch Grf Perponcher*) in Besitz aller Mittheilungen, welche ich etwa über die hiesige Situation geben könnte. Ich bin in langsamen Tagereisen, mit 5 Nachtquartieren hieher gegangen, um mich keiner Gefahr von Erkältung und Anstrengung auszusetzen, und befinde mich hier den Umständen nach wohl. Eine Audienz bei S. M. dem Kaiser gewärtige ich noch, und habe bisher nur mit dem Fürsten Gortschakow verkehrt, der Zarskoe Selo bewohnt. Ich fand ihn zunächst etwas zurückhaltender, als er im vorigen Jahre, und noch in Warschau, gegen mich gewesen ist. Überraschend war ihm die, unter dem $\frac{20}{2}$ von Budberg gemeldete Nachricht von der bevorstehenden Zusammenkunft S. K. H. des Regenten mit dem Kaiser Napoleon gewesen. Er sprach aber gegen mich seine Genugthuung darüber aus, in der Hoffnung daß es bei dieser Gelegenheit gelingen werde, uns und die übrigen deutschen Fürsten über Frankreichs Absichten in der nächsten Zukunft zu beruhigen. Das russisch-französische Bündniß behandelte er als englische Gespensterseherei und Verläumdung und sprach sein Bedauern aus, daß Lord John Russell, den er persönlich liebe, sich als Minister kurzsichtig und wankelmüthig beweise, wie die neueste Phase der orientalischen Frage wiederum darthue. Er sagte daß er sich die Unsicherheit des englischen Cabinets in seiner Haltung zwischen Frankreich und den andern Mächten, nur dann erklären könne wenn er annähme, daß Lord

---

*) Graf Wilhelm Perponcher, Preuß. Gesandter in Neapel; vertrat Bismarck in Petersburg 1860.

Palmerston, mit der egoistischen Gleichgültigkeit gegen die Zukunft, welche sehr allen Freigeistern eigen sei, lediglich den Zweck verfolgt, Lord John zu ruiniren; aus Neid vor und nach dem Tode. Die Worte des Fürsten waren im Ganzen so wenig französisch gefärbt, daß sie eher ein Bedauern darüber ausdrückten, daß England noch immer Rußland für einen gefährlichern Nebenbuhler und Gegner halte, als Frankreich. Über die Richtigkeit dieses Eindrucks getraue ich mir aber nicht zu entscheiden, ehe ich den Kaiser nicht gesehen habe.

Nach einigen Äußerungen Gortschakows muß ich annehmen, daß von uns vor einigen Monaten dem hiesigen Cabinete Eröffnungen gemacht worden sind, welche hier als Aufforderung zur Errichtung einer Coalition gegen Frankreich aufgenommen, und ablehnend beantwortet sind. Da ich den Fürsten nicht merken lassen wollte, daß mir diese Thatsache fremd sei, so führte ich das Gespräch auf diesem Gebiete nicht weiter. Er schien diese Episode als hauptsächliche Ursache einer von ihm vorausgesetzten Verstimmung in Berlin, zu betrachten. Der von mir mitgebrachte Brief S. K. H. des Regenten hat bei dem Kaiser günstig gewirkt, wie dies hoffentlich die von Perponcher mitgenommene Antwort Sr. Maj. bestätigt. Gortschakow knüpft den Wunsch daran, daß die (mir nicht bekannten) Reserven des allerhöchsten Schreibens in Betreff unsres Zusammenhaltens in der orientalischen Frage mit der Gesammtheit der Großmächte, einer specielleren Annäherung an die russischen Auffassungen Platz machen möchten; denn der Orient sei das Gebiet, auf welchem ein intimeres Verhältniß der beiden verwandten Höfe seinen practischen Werth für Rußland bethätigen könne. Er brauchte dabei den Ausdruck: que la Poire soit mûre ou non, l'Empereur veut qu'elle ne tombe pas, mais qu'on la rattache; nous voulons le repos, et rien que le repos; il sera compromis, si l'on persiste à s'aveugler sur les dangers, dont il est menacé. Sobald ich S. Majestät gesehen haben

werde, berichte ich ausführlicher. In der Dunten'schen Sache
scheint Budberg von hier schonend getadelt worden zu sein,
daß er sie in zu hohem Tone aufgenommen habe.

Mit der aufrichtigsten Verehrung verharre ich
  Ew. Excellenz
    gehorsamster
      v. Bismarck.

27.
Bismarck an Minister v. Schleinitz.
     Petersburg 14. Juni 1860.

Ew. Excellenz
habe ich, in Betracht der bevorstehenden Zusammenkunft in
Baden, das Wichtigere aus meinem beifolgenden Immediat-
Bericht schon telegraphisch gemeldet. Den Bericht überbringt
H. von Schlözer, bis dahin fehlte eine sichere Gelegenheit.
In Parenthese bemerke ich dabei, daß ich dem Überbringer in
geschäftlicher Beziehung, besonders was Lokal-Kenntniß und
Diensteifer für landsmännische Interessen anbelangt, das größte
Lob ertheilen kann, so daß darüber meine anfängliche Ver-
stimmung gegen ihn gänzlich verblichen ist.

Zu dem Immediatbericht bemerke ich noch Nachstehendes
gehorsamst: der Kaiser stellte in der Hauptsache den Gesichtspunkt auf, daß es leichter sei Napoleon ruhig zu erhalten,
wenn man mit ihm Arm in Arm, als wenn man sich ihm
gegenüber befände: „Wenn ich den Halt an Preußen habe und
Preußen an mir, so ist jeder von uns in seinen Beziehungen
zu Frankreich sicherer, und kann fester auftreten; die ganze
Verbindung hat für Napoleon dann einen so hohen Werth,
als Garantie für seine Sicherheit und sein Ansehn, sie schützt
ihn solange sie dauert, gegen die Gefahr allgemeiner Coalition,
so daß er sie schwer aufgeben wird. Wir werden ihn so, auf

freundschaftlichem Wege, vielleicht in Ordnung halten können, indem wir unter einander intimer stehn, als jeder von uns mit ihm. Frankreich feindselig gegenüberzutreten, so lange es sich vermeiden läßt, verbietet mir das Interesse Rußlands, zumal mir die englische Politik gar keine Möglichkeit der Annäherung und des Vertrauens gewährt."

Daß es nicht der Zug des persönlichen Vertrauens, oder dankbarer Liebe ist, welcher den Kaiser Alexander in die Richtung dieses Bündnisses treibt, sondern daß eine unbefangene Erwägung sachlicher Verhältnisse das Motiv abgiebt, darf ich aus den Ausdrücken abnehmen, in welchen S. M. Ihr Mißtrauen gegen Napoleon und Ihre Meinung von der Unberechenbarkeit seiner Entschlüsse aussprachen. Die Ausdrücke waren der Art, daß ich glauben würde, das Vertrauen zu mißbrauchen, mit dem der Kaiser sich mir gegenüber gehn ließ, wenn ich sie im Bericht wiederholt hätte. S. M. war überhaupt nicht minder gnädig für mich wie früher. Er schickte die mich introducirenden Ceremonienmeister schon von Weitem mit dem Ruf „sans cérémonies" zurück, umarmte mich mit großer Herzlichkeit, und bewies die gnädigste Theilnahme an meinem Wohlergehn. Er redete mir zu, mich für den Sommer dort in Zarskoe S. zu etabliren, wo die Luft gesunder sei, und ließ mir nachher durch Frst. Gortschakow Häuser bezeichnen, die leer ständen. Die Ausführung liegt aber um einige Tausend Rubel außerhalb meines Budget, und dieser Gegenstand nimmt nachgerade meine ganze Sorgfalt als Familienvater in Anspruch, wenn ich hier nicht Schiffbruch leiden soll. Ich schicke vielleicht hierbei, oder am Sonnabend, einen kurzen Bericht über die russischen Geldverhältnisse, mit deren Verschlechterung die steigende Theurung Hand in Hand geht. Vielleicht hilft das neue Anlehn, dessen Bedingungen, mit 4½% zu 92, und 2% Provision, also netto = 5% pari, noch nicht schlecht aussehn. Die Banquiers wurden an demselben Tage wie ich vom Kaiser empfangen, unmittelbar vor mir, und die Audienz hatte wenigstens Sr. M. die Laune nicht getrübt; ihr Inhalt schien also bessere Aussichten für das Land zu bieten. Der Kaiser muß übrigens, nach den Wendungen und Betonnungen in denen er über Napoleon sprach, selbst verdrießliche Erfahrungen im Verkehr mit dem Herrn an der Seine gemacht haben; auf welchem Gebiete etwa neuerdings, das ist mir noch nicht klar.

Gortschakow ist, bei wiederholter Begegnung, ganz der Alte für mich. Ganz identisch mit der des Kaiser sieht seine Politik aber doch nicht aus. Es ist, nach dem Charakter des Kaisers, nicht denkbar, daß S. M. in offenem, freiwilligem Gespräch etwas Anderes als Seine wirkliche Meinung sagt; dieselbe fiel mehr gegen, als für das Französenthum aus, in Italien aber stand sie sehr entschieden auf Seite Neapels gegen Sardinien; damit stimmt nun gar nicht eine mir bekannte Censur-Instruction aus dem auswärtigen Ministerium, nach welcher Oestreich und Neapel der beliebigen Kritik preisgegeben, jeder Angriff auf Frankreich aber streng verpönt wird. Sogar die französische Eisenbahn-Gesellschaft soll, wo es nöthig ist sie öffentlich anzugreifen, nicht mit diesem Namen, sondern als Gesellschaft „der Fremden" bezeichnet werden. Doch stimmt letztere, Frankreich anlangende Instruction, allerdings mit dem was der Kaiser über die schädliche und provocirende Wirkung der Preßangriffe auf Napoleon sagte. Aber Neapel?

Etwas kühl empfing mich wunderlicher Weise der französische Botschafter, weil ich früher als bei ihm, bei Crampton gewesen war. Letzterer reiste gleich nach meiner Ankunft fort, und ich wünschte doch ihn zu sehen. Ich bin übrigens der einzige Gesandte in der Stadt, alle andern sind in der Umgegend zerstreut.

Mit der aufrichtigsten Verehrung verharre ich
Ew. Excellenz
ganz ergebenster
v. Bismarck.

28.
Bismarck an Minister v. Schleinitz.

Petersburg 24. Juni 1860.

Verehrtester Freund und Gönner

ich sollte heut eigentlich nicht schreiben, denn ich weiß nichts zu sagen, was Ihrer Aufmerksamkeit würdig wäre. Es ist lediglich die Anfrage des Engländers, ob ich seinem Courier etwas mitzugeben hätte, die mir als Anstoß dient, ein Lebenszeichen zu geben. Über Politik kann ich namentlich nichts melden, da ich seit vorgestern, wo ich die Expeditionen über Spanien als sechste Großmacht und die Instruction an Doppler mit der Post erhielt, noch nicht in Zarskoe war, Gortschakow sich aber hier nicht sehen läßt. Gedachter Schweizer Diplomat soll noch auf Reisen im Inneren, jenseit Moskau sein. Die Versetzung Spaniens in eine höhere Klasse auf Grund des sehr mittelmäßig bestandenen Examens im Marokkanischen, scheint mir dürftig motivirt. Der Vorschlag hat auch in der Allgemeinheit wie er austritt, wohl keinen andren Sinn als den einer Demonstration und captatio benevolentiae, eine lateinische Parallele zu Rußlands Auftreten für die griechischen Christen. Ein besonderes Rangabzeichen für Großmächte, welches man Spanien per decretum verleihen könnte, giebt es nicht; innerhalb der Sphäre, wo sich spanischer Einfluß fühlbar machen kann, beispielsweise in portugiesischen, westindischen, Marokkanischen Angelegenheiten, wird das Cabinet von Madrid in ungezwungener Weise Berücksichtigung seiner Wichtigkeit finden. An Fähigkeit aber, in die Welthändel ohne Rücksicht auf deren locales Domicil, einzugreifen, ist ihm beispielsweise America, Sardinien, anscheinend auch die Türkei, überlegen, sobald sie einmal das Glück hätte, einen handfesten Sultan oder Vezier an die Spitze zu bekommen. Ob es nicht nützlich wäre, die

Staaten zweiten und dritten Ranges, wie Sardinien, Schweden, Baiern, Holland, Spanien, Belgien, (soweit die Neutralität es gestattet) mehr als bisher an der großen Politik zu betheiligen, ist eine Frage die zwei Seiten hat; diese Theilnehmer wären wahrscheinlich für Preußen wichtiger und nützlicher, als für jede der andern 4 Mächte; aber Spanien allein herauszuheben, scheint willkührlich und von zweifelhaftem Nutzen für uns, wenn ich auch überzeugt bin, daß der etwaige Plan französischer Hegemonie über die Lateiner zu den châteaux en Espagne gehört, und das Streben danach nur zum Bruch mit der Italiänischen oder spanischen Nationalität schließlich führen würde.

Der Türke hat sich bei mir bitter beklagt über die Verläumdungen die man gegen seine sanfte und tugendhafte Regirung vorbringt, und versichert, daß es wohl einzelne Beamte von denen man wünschen könnte daß sie besser wären, in der Türkey wie in jedem Staate gäbe; das aber sei sicher falsch, daß ausschließlich die Christen Gegenstand einer systematischen Mißregirung seien. Kurz, es kam etwa auf Goltz's Ansicht heraus, daß es den Christen schlecht, den Türken aber nicht viel besser ginge.

Montebello hat mir gestern sehr befriedigt über Baden gesprochen; er hatte den guten Geschmack, die Sache so darzustellen, als seien die übrigen deutschen Fürsten nicht Napoleons wegen, sondern jene sowohl wie dieser, jeder Theil für sich, zu S. K. H. dem Regenten gekommen. Für die Publicität eignet sich diese Auffassung vorzugsweise, indem sie für das Erscheinen der Fürsten sowohl das Motiv des Mißtrauens gegen Preußen, wie auch das der Deferenz gegen Napoleon beseitigt, und S. K. Hoheit comme de raison, als vermittelndes Centrum des Ganzen hinstellt. Die Wiener Presse, die zuerst ihrer Erbitterung freien Lauf ließ scheint einzulenken; wenn das geschieht und die östreichischen Blätter im übrigen Deutschland dieselbe Parole bekommen, so wird sich jede mißliebige Darstellung der Zusammenkunft aus der Presse ziemlich beseitigen lassen. Beharrt die Kreuzzeitung in einer feindlichen Kritik, so wirkt das auf die Gesammtheit des öffentlichen Eindrucks nicht gerade nachtheilig.

Mit Solms*) bin ich sehr zufrieden; es fehlt ihm die Routine in den hier eigenthümlichen Geschäften; aber er ist sehr fleißig, lernbegierig und ungewöhnlich fähig. Auf Croy haben die Erfahrungen des letzten Jahres anspornend gewirkt, und über Mangel an Interesse für den Dienst kann ich nicht klagen; bei der vermehrten Sorgfalt die er anwendet leistet er in den currenten Sachen Besseres als ich nach dem vorjährigen début erwarten konnte.

Mit meiner Gesundheit geht es erheblich besser als in Berlin; ich trinke Carlsbader Mühlbrunnen und benutze Morgens den Newa-Kai als Promenade.

Soeben erhalte ich die Nachricht vom 18. daß Sie nach Baden gehn. Indem ich einen neidischen Gedanken zurückdränge, der nicht dem Congreß, sondern den grünen und blauen Bergen sein Dasein verdankt, begleite ich Sie mit den besten Wünschen und mit der Bitte den allerhöchsten Herrschaften den Ausdruck meiner Unterthänigkeit zu Füßen zu legen; daneben mich auch der Fürstin Mentschikoff zu empfehlen, und den sonst etwa anwesenden schönen Russinnen und Frankfurterinnen.

In freundschaftlicher Verehrung verharre ich

der Ihrige

v. Bismarck.

---

*) Graf Eberhard Solms, 3. Secretär der Preuß. Gesandtschaft in Petersburg.

29*).
Minister v. Schleinitz an Bismarck.

Baden-Baden 25. Juni 1860.

Verehrter Freund,

meinen schönsten Dank für die beiden interessanten Privatbriefe vom 9. und 14. d. M., die ich erst jetzt Muße finde zu beantworten, wenngleich auch hier der Muße nicht viel zu erübrigen ist.

Zuvörderst muß ich der Vermuthung entschieden entgegentreten, die Sie aus einigen Aeußerungen Gortschakoffs entnommen haben, wonach wir vor einigen Monaten dem dortigen Cabinet Eröffnungen gemacht hätten, welche als Aufforderungen zur Errichtung einer Coalition gegen Frankreich aufgenommen und ablehnend beantwortet seien. Wir haben uns vergeblich den Kopf zerbrochen, um herauszubringen, was hiermit gemeint sein könne, und der größeren Sicherheit wegen habe ich auch Perponcher noch vor dessen Abreise ad articulos über dies angebliche Conat vernommen. Auch er erinnert sich nicht, weder etwas gesagt noch geschrieben zu haben, was nur im Allerentferntesten zu der erwähnten Auslegung habe Veranlassung geben können. Und wenn die ganze Sache daher nicht auf einem Mißverständnisse von Ihrer oder von Gortschakoffs Seite beruht, so wäre noch zu ergründen, welche tiefere Absichten diesen poetischen Insinuationen zum Grunde liegen könnten. Das Referat über Ihre Audienz beim Kaiser macht einen erfreulichen und zugleich einen peinlichen Eindruck. Erfreulich, insofern als sich in allen Aeußerungen des Kaisers seine edle uneigennützige und Preußen freundliche Gesinnung wiederspiegelt. Peinlich, insofern der treffliche Herr sich abmüht uns

---

*) Anhang zu den Gedanken und Erinnerungen von Otto Fürst v. Bismarck Bd. II S. 308.

für eine Idee zu gewinnen, der, wenigstens nach seiner eignen Auffassung, keine recht praktische Seite abzugewinnen ist. Er wünscht ein intimeres Verhältniß mit uns und Frankreich hauptsächlich aus dem Grunde, um den Kaiser Louis Napoleon durch die anständige Gesellschaft, in die man ihn auf diese Weise versetzt, von unanständigen Dingen abzuhalten. Damit können wir ganz einverstanden sein, und zu diesem Ende werden wir Rußland stets unsere aufrichtigste und eifrigste Mitwirkung gewähren. In derselben Absicht, die den Kaiser Alexander hierbei leitet, haben wir uns schon seit langer Zeit und unausgesetzt bemüht in möglichst freundschaftlichen und wohlwollenden Beziehungen mit unserm westlichen Nachbarn zu leben. In diesen Bemühungen werden wir auch ferner fortfahren, allein wird ein Verhältniß, das nicht einen mehr oder weniger exclusiven Charakter annimmt und nicht ganz specielle, die Zwecke Frankreichs fördernde Zwecke verfolgt, dem Imperator an der Seine auf die Länge genügen? Ich glaube es kaum, vermuthe vielmehr, daß wir durch eine vorzugsweise Intimität mit Frankreich nach und nach und ohne es zu wissen und zu wollen in die Sphäre seiner Politik hineingezogen werden würden. Wenn man die einzelnen jetzt vorliegenden politischen Fragen beobachtet, so leuchtet auf den ersten Blick ein, daß keine einzige sich darunter befindet, in welcher Frankreichs Zwecke die unsrigen oder die unsrigen zugleich Frankreichs Zwecke wären. Derselbe Mangel an Uebereinstimmung scheint mir im wesentlichen auch zwischen der Russischen und Französischen Politik stattzufinden oder sollte wenigstens stattfinden. Denn auch Rußland kann an und für sich weder in der savoyischen noch in der italienischen Frage die Politik Frankreichs gutheißen, und wenn es sich ihr nicht lebhaft widersetzt, so geschieht es in der vielleicht sehr trügerischen Hoffnung, auf andern Gebieten, namentlich im Oriente wichtige Gegenleistungen für seine Complaisancen zu erkaufen. Die orientalische Frage wird

Frankreich aber erst loslassen (poser), wenn es seinerseits den besten Handel damit machen zu können glaubt. Demnach würde die entente selbst zwischen Rußland und Frankreich auf sehr schwachen Füßen stehen, allein was sollten wir und gar noch als Dritter in diesem Bunde für eine Rolle spielen, wenn es nicht die des geprellten Alten wäre? Für uns giebt es kein Compensations-Object, da wir vorläufig den so äußerst patriotischen deutschen Bundesgenossen gegenüber nicht daran denken können, sie, wie Graf Ugolino es mit seinen Kindern machte, zu verspeisen in der wohlwollenden Absicht, ihnen einen Vater zu erhalten. Die Unmöglichkeit eines speciellen Bündnisses oder einer speciellen entente mit den Imperatoren des Ostens und des Westens schließt aber nicht aus, ich wiederhole es, daß wir mit beiden uns auf den freundschaftlichsten Fuß zu stellen suchen. Rußland gegenüber ist dies ja glücklicher Weise das natürliche und normale Verhältniß. Und Frankreich gegenüber wird, wie Fürst Gortschakoff ganz richtig sagt, für die nächste Zukunft die eben stattgehabte Entrevue ihre wohlthätige Wirkung hoffentlich nicht verfehlen. In Frankreich ist gerade, um diese Wirkung zu erreichen, das entsprechende mot d'ordre nach allen Seiten hin gegeben; Presse und allerhöchste Umgebung wiederholen à l'envie den Ausdruck der kaiserlichen Befriedigung über eine vollständige Reussite des Badener Rendezvous. Aufmerksame Beobachter meinen, daß der Kaiser auf einen noch herzlicheren und wärmeren Empfang gerechnet habe, und daß ihn namentlich die an Kälte grenzende Indifferenz des deutschen Publikums um so unangenehmer berührt habe, als er sich bei seiner Reise vor 3 Jahren (nach Stuttgart) nicht über ähnliche Symptome der öffentlichen Stimmung zu beklagen gehabt habe. Allein n'importe, es ist ein parti pris, daß die Entrevue über alle Erwartungen reussirt und den Frieden wesentlich befestigt haben soll, und so wollen denn auch wir sie in diesem Sinne auszubeuten suchen. Für uns ist es jedenfalls sehr erfreulich, daß der Prinz-Regent bei dieser Veranlassung nach allen Seiten hin auf eine äußerst glänzende Weise abgeschlossen hat. Jedermann rühmt sein einfaches, natürliches, würdiges Benehmen dem Kaiser Napoleon gegenüber, dem er, wie wir aus Paris hören, sehr gefallen und imponirt hat. Aber auch auf die deutschen Fürsten hat sein männliches offenes und energisches Auftreten einen äußerst wohlthätigen Eindruck gemacht. Sie haben sich überzeugt, daß es ihnen nicht gelingen werde, ihn nach ihrer Pfeife tanzen zu lassen oder zu einer Systems-Aenderung zu bewegen, wozu verschiedene, wenn auch nur individuelle Anläufe gemacht worden sind. Mehr oder weniger sind alle diese Herren doch nicht blos in dem Lichte sondern auch in dem eignen Gefühle als Vasallen Preußens hier erschienen, und das ist jedenfalls ein erfreuliches und neues Symptom der Zeit. Wie sich die Sachen weiter entwickeln werden, hängt von mancherlei äußern Umständen, vor allem aber von der Gestaltung der großen politischen Verhältnisse ab. Was letztere und in specie den Orient betrifft, so sehe ich nicht ab, weshalb wir nicht in dieser für Rußland so wichtigen Frage die Russische Politik nach Kräften unterstützen sollten, das wird um so leichter und unverfänglicher sein, je mehr wir uns davon überzeugen, daß es sich in der That darum handelt, de rattacher et non pas de faire tomber la poire.

Mit aufrichtigster Freundschaft

Ihr

treu ergebener

Schleinitz.

30.

Bismarck an Minister v. Schleinitz.

Petersburg 21,9 Juli 1860.

Verehrtester Freund und Gönner

meinen verbindlichsten Dank für das Schreiben mit welchem Sie mich aus Baden erfreuten, spreche ich erst heut aus, weil ich zur Zeit der letzten sichern Gelegenheit, zwischen meinem Besuch in Peterhof und dem Abgange des Schiffes, nur eben die Zeit hatte, den flüchtigen und deßhalb etwas langen Bericht zu dictiren, der am Dienstag in Ihre Hände gelangt sein wird. Die Idee der Tripel-Allianz mit uns und Frankreich ist hier schon mehr in den Hintergrund getreten; man hat sich überzeugt, daß wir keine Neigung haben uns in diese Troika einspannen zu lassen, und empfiehlt uns seitdem die Verständigung mit Oestreich. Doch war der Ausdruck der Befriedigung die mir Gortschakow über die Zusammenkunft in Töplitz aussprach nicht von der Lebhaftigkeit die ihm bei freudigen Anlässen eigen ist; er freute sich mehr amtlich als herzlich; über Frankreich ist er auch in steigender Verstimmung; überhaupt fand ich ihn niedergeschlagen und unlustig, desorientirt. Meine vertrauliche Ankündigung des bevorstehenden Geschenks der Werke Friedrichs des Großen erfreute ihn aber aufrichtig, mehr als irgend einer der vielen Orden, wie er sagt; ich hoffe daß ich mit Nächstem die Autorisation zur Überreichung erhalte. Ich las ihm die in Baden von S. K. H. dem Regenten gehaltne Rede vor; er bemerkte zunächst, er finde sie als Rede meisterhaft, er fühle sich außer Stande, eine Rede der Art in freiem Vortrag zu halten. Dann setzte er hinzu: Sie werden trotzdem sehen, daß Beust Recht behält, und daß die deutschen Fürsten zu keiner Einigung kommen, weil die Minister nicht wollen; Hand in Hand mit Oestreich können Sie vieles durchsetzen, wenn Oestreich ehrlich mit Ihnen handelt; das aber ist die große Frage. „Das Ausweichen der Mittelstaaten nach Frankreich hin," sagte er, „um einem dualistischen Druck zu entgehen, fürchte ich nicht, es ist zu unpopulär in Deutschland."

Ich sah gestern in Oranienbaum den Prinzen Peter von Oldenburg und den Herzog Georg von Mecklenburg. Beider Äußerungen über deutsche Politik waren insofern interessant, als man sie als Ergebniß der Stimmungen ansehn kann, die in den fürstlichen Kreisen der Heimath herrschen. Beide Herrn zollten der Haltung S. K. H. des Regenten in Baden die unbedingteste Bewunderung, und sprachen ihre Anerkennung in vielfacher Wiederholung aus; sie hofften einen Abschluß der deutschen Einigung von der bevorstehenden Zusammenkunft mit dem Kaiser Franz Joseph, aber unverkennbar in der Voraussetzung daß Preußens Politik ihrer selbstständigen und liberalen Richtung entsagen, und sich in das Fahrwasser sogenannter Bundespolitik werde drängen lassen. Das dualistische Ober-Commando des Bundesheeres hielt Herzog Georg für etwas im Kriege sich von selbst Ergebendes, wollte aber für Friedenszeiten die bisherige Einrichtung, und Frankfurt als „militarischen Mittelpunkt" festgehalten wissen, da es den Fürsten widerstreben werde, von Berlin aus inspirirt und controlirt zu werden. Vor allem hoffte er, daß Preußen nicht mit der „Revolution" coquettiren, und mit den Völkern gegen die Fürsten gemeinschaftliche Sache machen werde. Dem Zusammenhange nach bezog sich das auf Kurhessen. Er ist ein sehr liebenswürdiger Herr, aber seine Politik schaut rückwärts statt in die Zukunft.

Thun[*]) ist bis jetzt für mich vortrefflich; er wohnt leider bei Oranienbaum, für einen Mann, der so viel laufende Geschäfte hat wie der Preußische Gesandte hier so gut wie außer

---

[*]) Graf Thun, Oesterreich. Gesandter in Petersburg.

der Welt. Auch ihm hat Gortschakow die Verständigung mit Preußen um jeden Preis empfohlen; Thun aber, der bisher Auftrag hatte, die mit Rußland um jeden Preis zu suchen, sieht in Gortschakow das einzige Hinderniß der Durchführung seiner Aufgabe; vom Kaiser hofft er alles zu erreichen, wenn es nur gelänge Gortschakow zu entfernen. Daß er mich zum Bundesgenossen für letzteren Zweck zu werben suchte, beweist welches Vertrauen er in mich setzt. Sehr bedaure ich, daß Montgelas nach Berlin gekommen ist; gute Beziehungen zwischen uns und Baiern sind so sehr zu wünschen, und er ist gerade der Mann sie zu stören. Er hat sich hier mit fast allen Collegen schlecht gestanden, mit dem Hof und dem Ministerium aber sich ganz überworfen, über Visiten und Einladungssachen, Placirung bei Tisch und dergl.; über den Großfürsten Nikola hat er sich, wegen zu später Einladung zur Tafel oder Audienz, in amt= licher Note beschwert. Seine Frau hat kurz vor der Abreise geäußert: Hier sei nicht der Ort für ihren Mann, weil nur laufende Geschäfte vorkämen, mais à Berlin „où il s'agit de taquiner le gouvernement, il sera parfaitement à sa place". Ich würde diese eheliche Ansicht über die Aufgabe des bairischen Gesandten an unsrem Hofe nicht wiedergeben, wenn mir der Thatbestand nicht von einem so sichern und wohlwollenden Mann, wie Tolstoy, der adjoint du ministre, erzählt worden wäre. Montebello fürchte ich wird uns im Winter verlassen, wenn es sich bestätigt daß seine Frau, wie die hiesigen Aerzte meinen, unheilbar am Krebse leidet; er ist ein versöhnliches Element, und der bescheidenste Franzose den man finden kann, aber wohl nicht ganz au secret de la pensée intime seines Herrn; die Geschäfte gehen mehr durch Kisselew.

Croy wünscht im August auf Urlaub zu gehen; ich habe nichts darwider, doch möchte ich gern, daß Solms dann wenigstens etwas länger bliebe. Die Arbeitskraft von Schlözer ist zwar ausgezeichnet, aber die Masse der Geschäfte zweiter Abtheilung auch erdrückend. Solms ist sehr brauchbar, fleißig und lernbegierig; er hat aber, wie es scheint, einen Schreck vor der hiesigen Arbeitslast bekommen, vielleicht ist ihm auch das Leben zu theuer, obschon ich ihm durch Gewährung freier Wohnung und freier Station die Sache wesentlich erleichtre. Kurz, er hat keine Lust zu bleiben; Schlözers Stelle mag er nicht, und über Schlözer, als Ersten, kann man ihn auch nicht stellen. Schlözern habe ich wegen seiner dienstlichen Pflichttreue und Arbeitsamkeit alle ursprünglichen Gravamina über sein Betragen gegen mich, vollständig vergeben und vergessen. Solms ist eine gute Acquisition für jede Gesandtschaft; wenn er aber nicht gern hier bleibt, so behalte ich meine beiden Bisherigen ohne Murren, oder vielmehr mit Vergnügen. Ich bitte darin aber durchaus keine Kritik gegen Solms zu sehn; er würde mir im Gegentheil ein sehr angenehmer Gehülfe sein, wenn er den hiesigen Aufenthalt lieb gewinnen oder pecuniär durchführen könnte. Bei der Gelegenheit sage ich Ihnen meinen verbindlichen Dank, daß meine Gehaltszahlung ohne Abzug stattgefunden hat; hier rechtlich mit dem Gelde auszukommen, ist eine Schiffahrt zwischen Klippen. Sehr dankbar würde ich für eine vertrauliche Notiz über die Höhe der hiesigen Geschäftsträger-Zulage sein; Croy hat es seit 7 Wochen noch nicht über seine Delicatesse gewinnen können, in Betreff dieses Punktes die von mir gewünschten Erkundigungen einzuziehn, und schulde ich ihm wahrscheinlich ein kleines Vermögen.

Mit der aufrichtigsten Verehrung

Ihr

ergebenster

v. Bismarck.

31.
Bismarck an Minister v. Schleinitz.

Petersburg 27. Juli 1860.

Geehrtester Freund und Gönner

verstatten Sie mir, damit jede amtliche Unannehmlichkeit den Betheiligten fern bleibt, ganz privatim Nachstehendes zur Sprache zu bringen.

Unser Depeschensack wird vielfach zu Privatsendungen benutzt; dagegen läßt sich in gewissen Gränzen nichts sagen, besonders wenn damit Personen, die uns dienstlich nützlich sein können, eine Gefälligkeit erwiesen wird. Im Übrigen bin ich aber der unvorgreiflichen Meinung, daß die Mitglieder der Gesandtschaft, welche unter diesem unfreundlichen Himmelsstrich auszuharren verurtheilt sind, für sich und ihre Angehörigen ein vorzugsweises Anrecht an den leeren Raum dieses großen Ledersackes haben, vorbehaltlich natürlich etwaiger Sendungen von Seiten der Herrn vom Ministerium. Dieses Anrecht wird aber beeinträchtigt, und die Moralität der Gesandtschaft bei den hiesigen Zollbehörden compromittirt, wenn beliebige Particüliers sich das Wohlwollen ich weiß nicht wessen, in dem Maße erwerben, daß Packete von Gerson und andern Handeltreibenden, im Gewichte von 28 Pfund das einzelne Stück, unter Verschluß mit dem Ministerialsiegel, ihren Weg in besagten Sack finden, und demselben eine unförmliche und verdächtige Gestalt und Größe geben. Ich habe mir erlaubt, solche die Post- und Zoll-Gefälle eines befreundeten Hofes beeinträchtigenden Sendungen umgehend zurückzuschicken, sie haben aber ihren Weg zum zweiten Mal in demselben Sack hieher genommen. Ich möchte gehorsamst bitten, mich zu autorisiren, daß ich alle dergleichen Gepäck, wenn nicht entweder Absender oder Empfänger aus dienstlichen Gründen Beachtung verdienen, oder sich, sei es durch ministerielle Empfehlung oder direct, meines Wohlwollens versichert haben, ohne Weiteres zurückschicke. Ich gestehe, daß ich weniger aus Tugend als aus Eigennutz diesen abusus zur Sprache bringe, denn indem ich für ganz indifferente Leute den Packmeister mache, wage ich bisher selbst nicht, bedenkliche Bücher über Rußland für mich kommen zu lassen, andrer kleiner Nützlichkeiten zu geschweigen.

Wir haben hier seit 14 Tagen eine Hitze bis zu 28 und 30° R im Schatten; die Steine der ganzen Stadt sind heiß gebrannt wie ein Ofen. Bald werden wir uns darnach zurücksehnen.

Aus Baden schreibt man mir, daß zur Zeit der dortigen Zusammenkunft der Chef der östreichischen Presse in Süddeutschland, Geschäftsträger Braun in Frankfurt, daselbst eine Anzahl Bummler im Solde gehabt habe, die abwechselnd vive l'empereur schreien und dann in verstärktem Chor zischen und pfeifen mußten. Ich kenne den Herrn, und würde mich nicht wundern wenns wahr wäre.

Darf ich bitten, wenn sich in ungesuchter Weise Gelegenheit bietet, Ihren Kön. Hoheiten dem Regenten und dem Prinzen Friedrich Wilhelm meinen alleruntertänigsten Glückwunsch zur Entbindung der Frau Prinzessin zu Füßen zu legen.

Mit der aufrichtigsten Verehrung

stets der Ihrige

v. Bismarck.

32*).

Minister v. Schleinitz an Bismarck.

Berlin den 3. August 1860.

Verehrter Freund,

Empfangen Sie meinen besten Dank für die wiederholten und interessanten Privat-Mittheilungen, die Sie mir in letzter

---

*) Anhang zu den Gedanken und Erinnerungen von Otto Fürst v. Bismarck II, S. 312.

Zeit haben zugehen lassen wollen, und versagen Sie mir nicht den General-Pardon für die Unterlassungssünden, die ich dadurch begehe, daß ich jetzt wie früher diese Mittheilungen nicht ebenso pünktlich und ausführlich beantworte, als sie mir gemacht wurden.

Mit der Teplitzer Zusammenkunft haben wir alle Ursache zufrieden zu sein. Es ist dadurch auf der einen Seite eine gewisse Beruhigung, das Gefühl einer größeren Sicherheit hervorgerufen worden, welches sich auch bereits in Handel und Wandel auf erfreuliche Weise bemerkbar macht, auf der andern Seite (Frankreich) wird dadurch die Ueberzeugung gefördert werden, daß eine übergreifende und aggressive Politik diesseits des Rheins und hoffentlich schon ein Stückchen jenseits desselben, doch einem ziemlich compacten und wohlorganisirten Widerstande begegnen würde. Das ist nicht blos für Deutschland selbst sehr wichtig, sondern auch in Beziehung auf diejenigen kleineren Zwischenländer, die ihre natürliche Anlehnung an Deutschland finden, und die nur allzu leicht den Muth verlieren, wenn ihnen nach dieser Seite hin der Boden unter den Füßen weicht. Daß man auch in Petersburg unsern Intuitionen in Beziehung auf die Teplitzer Zusammenkunft volle Gerechtigkeit widerfahren läßt und die Gelegenheit benutzt hat, um sich in so wohlwollender Weise für uns auch dem Wiener Cabinet gegenüber auszusprechen, hat hier nur einen sehr guten Eindruck machen können, und verpflichtet uns namentlich gegen Fürst Gortschakoff zu einer Erkenntlichkeit, der ich Sie den entsprechenden Ausdruck zu geben bitte. Viel mehr als gute Vorsätze, mit denen bekanntlich der Weg zur Hölle gepflastert ist, ist bis jetzt freilich von Seiten des Oesterreichischen Cabinets nicht bemerkbar gewesen. Die Zukunft wird lehren, wie ernst es damit gemeint ist, und nach dem Maße dessen, was in dieser Hinsicht wirklich geschieht, werden wir unsere Gegenleistungen zu bemessen haben. — Nachdem Rußland seinen article additionel zu dem syrischen Traktat hat fallen lassen, wird die Unterzeichnung des letzteren wohl keinen Anstand mehr erleiden; wir unsererseits würden auch den Russischen Wünschen hierin gern gerecht geworden sein, und es scheint mir, daß die Engländer in ihrem Argwohn zu weit gegangen sind, wenn sie selbst die ziemlich inoffensive Fassung, wie sie zuletzt vorgeschlagen war, zurückweisen zu müssen glaubten. Da in Beziehung auf die orientalische Frage für uns und so lange wir an der Erhaltung des türkischen Reiches nicht verzweifeln, die Hauptsache immer die sein wird, den Charakter der Gemeinsamkeit und der Collectivität bei allen zu thuenden Schritten festzuhalten und gefährlichen Scissionen unter den Mächten entgegen zu arbeiten, so haben wir es nur mit großer Befriedigung aufnehmen können, daß Rußland, um das allgemeine Einverständniß nicht in Frage zu stellen, die gewünschte Clausel hat fallen lassen.

Mein Circular-Erlaß wegen der Trennung der Materien, auch in den Immediatberichten, hatte wesentlich eine Erleichterung unserer Canzlei zum Zweck, da deren Kräfte zur Bewältigung der massenhaften Schreiberei kaum noch ausreichen. Die Schwierigkeiten, die eine solche Trennung oft darbieten mag, verkenne ich keineswegs, und es muß natürlich in dieser Beziehung der discretionären Beurtheilung jedes Missions-Chefs überlassen werden, in wie weit er in jedem einzelnen Falle die allgemeine Regel festhalten zu können glaubt. Wegen Abstellung der Mißbräuche, die mit dem Depeschenbeutel getrieben werden und auf die mich aufmerksam gemacht zu haben, ich Ihnen sehr dankbar bin, habe ich das Erforderliche angeordnet. Welche Bewandtniß es mit der die Fortsetzung der Werke Friedrichs II. enthaltenden Kiste hat, ist jetzt von mir aufgeklärt und Ihnen mitgetheilt worden. Nachdem aber einmal die Eröffnung an Gortschakow gemacht worden, bleibt nichts übrig, als sie in Erfüllung gehen zu lassen; indessen glaubt der Prinz, daß es genügt, wenn Sie im Auftrage S. Königlichen Hoheit das Geschenk mit einigen verbindlichen Worten an den prince-ministre begleiten. — Den Dank, den Sie mir dafür spenden, daß Ihnen Ihre letzte Gehalts-Rate ohne Abzug gezahlt worden ist, wünschte ich in noch höherem Grade verdienen zu können, als es in der That der Fall ist. Während meines Aufenthaltes in Baden war mir der Entwurf einer Verfügung an Sie vorgelegt worden, durch welche Ihnen die Herauszahlung einer sehr namhaften Summe aufgegeben wurde. Ich nahm Anstand, diese Verfügung zu zeichnen, da mir die ganze Sache doch einigermaßen zweifelhaft erschien, und ich mir eine nähere Prüfung vorbehalten wollte. Auf diese Weise schwebt die Sache noch, und ich werde mir demnächst nochmals einen gründlichen Vortrag über dieselbe halten lassen. Was ich irgend mit meinem Gewissen verträgliches zu einer für Sie möglichst befriedigenden Lösung thun kann, soll gewiß geschehen. Vielleicht können Sie mich selbst sub rosa noch mit einigen Argumenten ausrüsten, die ich zu Ihren Gunsten geltend zu machen gern bereit bin. — Mit dem Säuerling Montgelas und seiner nicht minder säuerlichen Gattin haben wir allerdings keine beneidenswerthe Acquisition und jedenfalls gegen Bray einen sehr üblen Tausch gemacht. Es ist unbegreiflich, daß man in München solche Wahlen treffen kann, besonders in einem Augenblicke, wo man sehr preußenfreundlich thut, wenn man es auch vielleicht re vera nicht ist.

In aufrichtigster Freundschaft herzlichst der Ihrige

Schleinitz.

33.
Bismarck an Minister v. Schleinitz.

Petersburg 9. August 1860.

Ew. Excellenz

beehre ich mich in Betreff der hiesigen Gehaltverhältnisse, und zunächst der meinigen im Verlauf des vergangenen Jahres, nachstehende Momente zu geneigter Erwägung zu stellen.

Ich habe Petersburg in der zweiten Hälfte des Juli v. J. in Urlaub verlassen, um, nachdem ich meine häusliche Einrichtung vollendet hatte, meine Familie hierher abzuholen. Die Herreise im März v. J. unter besonders ungünstigen Witterungsverhältnissen, der klimatische Wechsel und der anstrengende Dienst im Frühjahr v. J. hatten mir ein Unwohlsein zugezogen, welches sich bei der Rückkehr nach Deutschland so verschlimmerte, daß ich genöthigt war meinen Urlaub, einschließlich einer Badekur, bis zum 7. September auszudehnen. Als ich an diesem Tage, mit der Absicht meine Reise hieher fortzusetzen, von Nauheim in Berlin eintraf, fand ich dort eine telegraphische Depesche Ew. Excellenz, mit dem Befehl mich vor der Rückkehr auf meinen Posten zu S. K. H. dem Regenten nach Baden zu begeben. Von dort erhielt ich den Auftrag, zunächst in Berlin mit Budberg wegen der Zusammenkunft in Breslau zu verhandeln, und auf meinen desfalsigen Bericht an Ew. Excellenz, die Weisung mich noch nicht nach Petersburg, sondern bei Ankunft des Kaisers nach Warschau zu begeben. Der Erfolg bewies die Zweckmäßigkeit dieses Auftrages, indem ich bei meiner Ankunft in Warschau am Kaiserlichen Hofe die Stimmung vorfand, für die Reise des Kaisers nach Breslau, unter dem Vorwande der Ermüdung Sr. Majestät, eine Einladung an S. K. H. den Regenten nach Warschau zu substituiren. Von Breslau kam ich, mit der Erlaubniß nunmehr nach Petersburg zu gehen, am 29. wieder in Reinfeld in Pommern an, und trat ohne Aufenthalt meine Reise hieher an. Auf derselben erkrankte ich, wie Ew. Excellenz bekannt, in Ostpreußen, indem ich meinem angegriffenen Zustande durch Ausführung der Mission nach Warschau wohl zuviel zugemuthet hatte, und mir einen Rückfall zuzog der stärker als die erste Krankheit war. Die einfache Reise nach Petersburg würde ich Anfangs September ebenso gut haben ausführen können, wie die von Berlin nach Baden, von dort nach Pommern und dann nach Warschau; für das dortige Treiben im Hof- und Geschäftsleben aber war ich nicht hinreichend gekräftigt. In den ersten Tagen des März hatte ich mich soweit erholt, daß ich nach Berlin gehen konnte, und mein dortiger Arzt rieth mir nicht, wie ich erwartet hatte, zu einer Badekur, sondern hatte gegen meine Reise nach Petersburg nichts einzuwenden. Daß ich dennoch bis zum Ende Mai in Berlin bleiben mußte, lag nicht an mir, nachdem ich die Erlaubniß zur Abreise wiederholentlich dringend erbeten, und fast ungnädigen Bescheid darüber bekommen hatte.

Ew. Excellenz wollen aus Vorstehendem geneigtest entnehmen, daß ich mich vom Juli, ich glaube dem 23., bis zum 7. September v. J. in einem durch Krankheit verlängerten Urlaub befand, von da bis zu Ende Oktober v. J., und wiederum von Anfang März bis Ende Mai d. J. in dienstlicher Veranlassung von hier fern gehalten wurde, und daß ich Anfangs November v. J., im Begriff von der Dienstreise nach Warschau auf meinen Posten zurückzukehren, auf der Reise hieher erkrankte und bis Anfangs März krank blieb.

Ich bin darnach im vorigen Jahre zuerst 7 Wochen in Urlaub gewesen. Für diese Zeit wird mich ein Gehalts-Abzug, wie ich hoffe, um so weniger treffen, als die Ausdehnung des ursprünglich nur auf 3 Wochen genommenen Urlaubs durch eine Krankheit bedingt wurde, die ich mir durch langjährige, stete Anspannung im Königlichen Dienste, in Verbindung mit dem Wechsel des Klimas und der Lebensweise nach meiner Versetzung hierher, nach dem Urtheil aller Ärzte zugezogen habe. Abgesehen von den beiden Zeiträumen im vorigen Herbst und in diesem Frühjahr, in denen ich dienstlich abwesend war, handelt es sich ferner um die beiden letzten Monate des vorigen und die beiden ersten dieses Jahres, die Zeit meiner zweiten Krankheit. Wie mir während derselben privatim geschrieben wurde, treffen nach den herkömmlichen Bestimmungen einen Gesandten, der auf der Reise nach seinem Posten erkrankt, für die Dauer dieser Krankheit keine Abzüge. Wenn ich darin richtig berichtet bin, so dürfte diese Regel wohl in meinem Fall besonders Anwendung finden, da ich von einer dienstlichen Verwendung kommend reiste, und mir durch diese die Krankheit zugezogen hatte. Es war, genau genommen, auf der Reise von Warschau nach Petersburg, daß ich erkrankte, die ich mit dem Umweg über Breslau und Berlin zu machen hatte. Mir ist es selbst ein peinliches Gefühl, so lange Zeit dienstunfähig gewesen zu sein, und doch die dienstlichen Einnahmen in Anspruch zu nehmen. Ich bin dadurch auch abgehalten worden, irgend welche Reisekosten oder Diäten für die dazwischen liegenden dienstlichen Verwendungen zu verlangen. Dieselben würden sich für die Zeit vom 7. September bis Ende Oktober und von Anfang März bis Ende Mai d. J., sowie für die Reisen von Berlin nach Baden, von Pommern nach Warschau und zurück, nach meinem Überschlag auf mehr als 1200 Th. belaufen, während mich der Aufenthalt in Berlin in diesem Frühjahr allein über 2000 gekostet hat. Ebenso habe ich, in der Überzeugung daß auch mit mir nicht zu streng gerechnet werden würde, die Geschäftsträger-Zulagen auch für die Zeiten wo ich dienstlich von hier abwesend war, März, September und Oktober v. J. mit zusammen etwa 800 Th. getragen (im Ganzen für voriges Jahr 1700 Th.) obschon nach einem Bescheid den ich vor einigen

Wochen auf desfalsige vertrauliche Anfrage erhielt, die Zulage in solchen Fällen von der Legationskasse übernommen wird.

Ich habe im Ganzen, abgesehen von dieser Krankheit, seit dem Herbst 1857 nur 14 Tage Urlaub gehabt, und beabsichtige vor dem Sommer 1861 nicht um solchen einzukommen. Wenn ich inzwischen im Jahre 1859 über 3 Monat und im Jahre 1860 zwei Monat hindurch, Krankheit halber keinen Dienst habe thun können, so beklagt dies Niemand mehr als ich selbst, aber ich glaube nicht daß ein solcher, innerhalb und in Folge dienstlicher Verwendung, einen Gesandten betreffender Unfall durch Verkürzung des regelmäßigen Einkommens erschwert werden kann. Jedenfalls würde mich wahrscheinlich kein Abzug getroffen haben, wenn ich dieselben Krankheitszustände mit gleicher Dauer hier auf meinem Posten durchgemacht hätte, nachdem ich mich, meiner Absicht entsprechend, im September v. J. hieherbegeben. Nur durch die Sendung nach Warschau wurde ich daran verhindert, und durch eben dieselbe wahrscheinlich krank. Die Kosten wurden durch den doppelten Haushalt den ich führte, höher als wenn ich hier gewohnt hätte. ... [Folgen detaillirte Zahlen-Angaben über Theuerungs-Verhältnisse, Preise der täglichen Bedürfnisse, Vergleiche mit der Bezahlung anderer Gesandtschaften und dergl.] ... Ich will mich bemühn, unter Benutzung jeder Erfahrung, Ersparnisse einzuführen wo ich kann, und so das Gleichgewicht zu erhalten. Ich sehe aber doch voraus, daß entweder eine Erhöhung des Gehaltes, oder eine Reduction der ganzen bisherigen äußerlichen Stellung der Gesandtschaft auf das Niveau derjenigen der kleineren Staaten in Kurzem nothwendig werden wird. Sollte das, ohnehin durch die Einrichtungskosten und die doppelte Haushaltung des vorigen Jahrs gestörte, Gleichgewicht meines Budget durch Gehaltsabzüge ferner beeinträchtigt werden, so muß ich die Hoffnung aufgeben es wiederherzustellen, und werde mit den Einschränkungen die nöthig sind um mich vor Schulden zu bewahren, schon jetzt beginnen, indem ich meine Wohnung kündige, eine kleinere nehme, und mich nach allen Richtungen hin so einrichte, daß ich die Ausfälle der Vergangenheit aus den Ersparnissen der Zukunft decke. Ich würde immer noch hinter dem Ersparungssystem des Grafen Nostitz in Hannover zurückbleiben; aber der äußere Luxus ist mir nicht persönliches Bedürfniß, und ich bin fest entschlossen keine Schulden zu machen.

Bei Ew. Excellenz glaube ich unter diesen Umständen auf geneigtes Gehör rechnen zu dürfen, wenn ich gehorsamst bitte, mich mit Abzügen für das vergangene Jahr, in welchem ich Unglück und Verdruß genug gehabt habe, verschonen zu wollen.

Mit der ausgezeichnetsten Hochachtung verharre ich

Ew. Excellenz
gehorsamster
v. Bismarck.

34.
Bismarck an Minister v. Schleinitz.

Petersburg 11. August 1860.

Verehrtester Freund und Gönner

mit dem aufrichtigsten Dank habe ich Ihr Schreiben vom 3. erhalten, welches mir über Teplitz die willkommensten Aufschlüsse giebt. Es ist der einzig mögliche Weg mit Oestreich, wenn wir für practische Dienste practischen Gegendienst leisten. Alle formellen Concessionen bleiben werthlos, solange ihnen der Geist in dem sie ausgeführt werden nicht einen Werth verleiht. Übrigens kann es wohl sein, daß die Fortschritte auf dem Gebiete des Liberalismus, deren sich Oestreich als Beweis des Entgegenkommens in der Presse rühmt, uns nützlicher werden als man in Wien vielleicht annimmt. Sie werden zur Folge haben, daß sich auch in den Mittelstaaten die von den Regirungen unabhängigen Elemente mehr beleben, sich in Kammern und in der Presse rühren, und deren Betheiligung an der deutschen Politik wird letztere in einen für Preußen günstigeren Fluß bringen, als es von der unbeeinträchtigten Thätigkeit Beustischer Ministerien zu erwarten ist. Die Zeit wird lehren wie weit die Rückwirkung des plattirten Wiener Liberalismus auf das Würzburger Revier reicht. In specie danke ich noch für die Bethätigung Ihres Wohlwollens in der Gehalts-Abzugsfrage, ich gebe hiebei ein reichhaltiges Material, vermöge dessen ich glaube daß Sie zu dem gütigst zugesagten Schutz gegen das Kassen-Departement rechtlich im Stande sein werden. Erstaunen Sie nicht, daß ich so ausführlich darin gewesen bin; die Sache kann für mich indirect eine sehr entscheidende werden. Die Ziffern welche ich angebe sind keine Gruppirung ad hoc, sondern der wahre Stand meiner Ausgaben, wie ich mich anheischig mache bei demnächstigen amtlichen Anträgen auf Erhöhung der Gehälter der Gesandtschaftsmitglieder, mit allen Belägen darzuthun. Zu den angeführten Ausgaben von gegen 36000 Th. kommen noch einige 1000 für Reitpferde, Jagd, Cigarren, alte Rheinweine und andere persönliche Liebhabereien, die ich, als zweifellos ex propriis zu bestreiten, außer Ansatz ließ. Damit ist aber auch alles was ich zum Gehalt zusetzen kann, erschöpft. Ich war sehr arrangirt, ehe ich Frankfurt verließ; ich werde praenumerando bezahlt und bezahle postnumerando, bin also jetzt um ein Quartal, mit etwa 8000 Th., derangirt. Kommt dazu noch eine Herauszahlung, so hört die Situation auf, noch irgend eine gemüthliche Seite zu haben. Ich bin ein zu guter Familienvater um in Verschuldung zu gerathen; ich setze mich dann auf den état Könneritz, mit 3000 Rubel für einen entresol im großen Haus Jerebzoff, zwei bescheidenen Dienern und der steten Consigne „nicht zu Hause". Die Aussicht, daß man sich dann allerhöchsten

Orts nach Leuten umsehen wird, die mehr zuzusetzen bereit sind, wäre mir in Frankfurt sehr unwillkommen gewesen; hier schreckt sie mich nicht. Das Leben in diesem großen Steinhausen, unter diesem Breitengrade, wo ich, nachdem ich selbst gesund bin, seit 10 Wochen noch keinen Tag gehabt habe, wo nicht meine Frau oder eins meiner Kinder den Besuch des Arztes nöthig gehabt hätte, hat an sich keinen Überschuß an Behagen. Kommen noch Geldsorgen und die ganze gêne und Demüthigung glänzenden Hungerleidens dazu, so ist nach meinem Geschmack ein bescheidener Posten in Mittel-Europa, oder selbst die Erlaubniß mit Wartegeld auf dem Lande zu leben, vorzuziehen. Der Dienst des Königs und des Landes würde darunter auch nicht leiden, denn viele meiner Collegen haben einen anders gearteten Ehrgeiz als ich, und würden gern den Platz einnehmen, wenn ich desselben wegen Mangels an repräsentativer Befähigung nicht mehr würdig befunden würde. Beide Redern*) z. B. sind sofort bereit, hier mit brüderlichen oder eigenen Mitteln ein tadelloses Haus zu machen, und Perponcher**), Schulenburg***), Savigny†), Löwenstein††) würden alle einen hoffnungsreichen Moment haben, wenn ich den „glücklich Beseitigten" zugesellt wäre. Mein Gewissen könnte also darüber, daß ich dem Vaterlande um schmutziger Geldfragen willen meine Dienste verkümmerte, ganz beruhigt sein. Um aber von ernsten Dingen ernst zu reden, ich sehe Ihrer Entscheidung in dem Vertrauen entgegen, daß ich an Ihrem wohlwollenden Gefühl für alles was recht und billig ist, den besten Advokaten habe und werde das Ergebniß und die Folge die sich für mich

---

*) Graf Wilhelm Redern, Oberst-Kämmerer, Graf Heinrich Redern, sein Bruder, Preuß. Gesandter in Brüssel.

**) Graf Wilhelm Perponcher, Preuß. Gesandter in Neapel, vgl. Nr. 26.

***) von der Schulenburg-Priemern, Preuß. Gesandter in Stuttgart.

†) von Savigny, Preuß. Gesandter in Dresden.

††) Prinz Wilhelm Löwenstein, Preuß. Gesandter in München.

daran knüpfen können, ohne Empfindlichkeit entgegennehmen, wie man gutes und schlechtes Wetter erträgt, ohne etwas Anderes als die „Kleidung" danach zu wechseln, unter Umständen freilich auch die Wohnung. Solms drängt in der That auf seine Abreise, sobald Schlözer, den er vertritt, zurück sein wird; Croy's erbetener Urlaub ist noch nicht eingetroffen; ob, wenn er fort ist, Solms zu entbehren sein wird, hängt von Schlözers, von mir noch nicht so gründlich geprüfter Arbeitskraft ab; für Croy ist Schlözer jedenfalls mehr als Ersatz.

Ich bin heut zur Kaiserin-Mutter befohlen, und muß deßhalb die Post etwas früher als sonst schließen. Vielleicht erfahre ich dort, ob der Kaiser von Oestreich hier eine andre Version über Teplitz erhalten hat, als von uns, wie ich solches gestern aus Gortschakows Reden herauszuhören glaubte.

Die Zeit drängt, und ich schließe mit der Versicherung meiner aufrichtigsten Verehrung als stets der Ihrige in treuer Ergebenheit

v. Bismarck.

35.

Bismarck an Minister v. Schleinitz.

Petersburg 23. August 1860.

Geehrter Freund und Gönner

Es läßt sich von hier heut nicht viel Politisches melden; die Quellen aus denen Berichte entstehen, fließen nicht, selbst die sonst so lebendigen Gortschakowscher Mittheilungen. Die Gewalt brutaler Thatsachen hält sie geschlossen, und man wartet ab wie sie sich entwickeln werden, diese Thatsachen, um dann aus ihnen zu machen, was gemacht werden kann. Neapel steht natürlich im Vordergrunde mit seinen unliebsamen, auch hier mit Sorge erfüllenden Nachrichten von heut und gestern, und von Syrien ist es augenblicklich still; auch der aufgetauchte Plan Truppen dahin zu schicken scheint schon wieder gefallen zu sein, wenn er je ernstlich gemeint war. Der Kaiser ist nach Moskau und Umgegend. Ich habe ihn seit Wochen nicht gesehn; im vorigen Jahre wurde ich zu den Paraden als Lieutenant eingeladen, in diesem als Rittmeister nicht; der General Weymarn, welcher dergleichen besorgt, behauptet daß das russische Auge durch den weißen Adler unter meinen kleinen Epauletten verletzt werde. Es hat auch sein Gutes, denn ich wüßte gar nicht wie ich die laufenden Arbeiten bewältigen sollte, wenn ich noch einige Tage mit militärischen Expeditionen verloren hätte. Solms hat eminente Fortschritte in Bearbeitung der hier üblichen Sachen gemacht, und in noch 6 Monaten wäre er vielleicht so fern, wie Schlözer darin; er hat im Französischen merklich gewonnen, nur der juristische Fühlfaden mangelt noch etwas. Er will nicht bleiben; Klima, Überhäufung mit Arbeit, Theurung, alles schreckt ihn ab, vielleicht auch die Stellung als zweiter Secretär. Croy macht alle die Sachen der gewöhnlichen Routine jetzt besser; bei den häufig vorkommenden längeren Noten welche die Natur prozessualischer Relationen haben, fehlt ihm aber die Gabe der Redaction. Persönlich habe ich ihn sehr gern, er ist ein angenehmer Hausgenosse; aber Schlözers geschulte Arbeitskraft bleibt die Stütze, auf die ich von nächster Woche an einige Hoffnung auf Erleichterung setze. Gleichen Erfolg wird Gortschakows in nächster Woche endlich erwartete Übersiedlung zur Stadt haben, wenn er nicht wieder mit dem Hofe nach Zarskoe geht. Montebello und Thun sind seit mehreren Tagen zur Jagd bei Nowgorod, Crampton noch in 6 Wochen nicht zu erwarten. Ich bin der einzige arbeitsame Mensch hier.

Halten Sie mich nicht für undankbar, wenn ich gegen die Verfügung meines Gehalts-Abzugs amtlich remonstrirt habe; ich bin überzeugt daß dieselbe ein durch Ihre Güte sehr abgeschwächter Ausdruck der ursprünglichen bösen Intentionen der Kasse ist. Aber es ist das erste Mal seit meiner Studenten-Zeit, daß ich wirklich anfange mit „Nahrungssorgen" zu kämpfen, und ich muß versuchen diesen Schaden von mir abzuwenden; ich hoffe es wird gelingen, nachdem Sie der Sache die günstige Wendung gegeben haben, daß ich für die 3 Monate meiner Krankheit, zu Anfang des Jahres, durch das ministerielle Arbitrium gedeckt bin, für April und Mai mich aber auf das Zeugniß S. K. H. des Regenten, und einigermaßen auf Ihr eigenes berufen darf, daß ich von einem wahren Heimweh nach Petersburg beseelt, und sehr unglücklich über mein Gasthofsleben in einer arsenikgrünen Stube des Hôtel d'Angleterre. meine Abreise bis zur Gefahr ungnädiger Antworten mit allem Eifer betrieben habe, und nur durch allerhöchsten Befehl am Hoflager gehalten wurde. Ich gebe mich daher den günstigsten Hoffnungen hin, die tiefe Bresche meines Budget abgewendet zu sehn. Einen Antrag auf Erhöhung der gesandtschaftlichen Dotation im Ganzen halte ich für Pflicht gegen den Posten und gegen die Beamten der Mission; ich werde das Bedürfniß so gründlich wie möglich darlegen, und mich schließlich nach der Decke strecken; die Kritik der Decke trifft dann nicht mich, sondern den Staatshaushalt, oder die Armuth des Aerars.

Das Wetter ist hier sehr kalt geworden, und die Bäume färben sich schon herbstlich. Mit meiner Gesundheit geht es gut, aber mein jüngster Sohn ist seit 3 Wochen gefährlich krank, eine Art Fieber, welches Kinder hier oft bekommen und welches der Sumpfluft zugeschrieben wird. Meine arme Frau ist von Nachtwachen vollständig erschöpft. Der Adler geht seit heute eine Stunde früher als sonst, und nöthigt mich zu Ihrer Freude, wie ich fürchte, diesen inhaltlosen Brief zu schließen. Mit aufrichtigster Verehrung und Ergebenheit

der Ihrige

v. Bismarck.

36.
Bismarck an Minister v. Schleinitz.

Petersburg 6. September 1860.

Ew. Excellenz

werden aus meinem gestrigen Bericht über Äußerungen des Herzogs von Montebello entnehmen, wie bescheiden die Ansprüche sind, welche Frankreich, im Sinne piemontesischer Politik, für den Fall eines Kriegs seines Bundesgenossen vom vorigen Jahr mit Oestreich, erheben würde. Nicht einmal die Lombardei brauchte nothwendig bei Sardinien zu bleiben, wenn sie nur nicht an Östreich zurückfällt. Ich füge dem Bericht, der mit Gelegenheit heut abgeht, diese Zeilen zu, weil ich im Journal de St. Petersbourg eine Depesche lese, nach welcher Frankreich Rom und die nächste Gegend gegen jeden Angriff vertheidigen würde, während der französische Botschafter mir sagte, daß der Widerspruch Englands es nöthig gemacht habe, auf den Plan zu verzichten, den Kirchenstaat als Barriere zwischen Süden und Norden festzuhalten. Er fügte hinzu, daß England protestantische Scrupel vorschütze, durch welche es von direkter Vertheidigung des Pabstes abgehalten werde. Der Herzog fürchtete aber, daß England, indem es die italiänische Revolution fördre oder gewähren lasse, gar keine englisch-italiänischen Interessen im Sinne habe, sondern nur den Zweck unverrückt im Auge behalte, dort einen Brand zu entzünden und zu schüren, der dem Napoleon ins Haus brennen müßte, oder ihn jedenfalls, vermöge der Unvereinbarkeit der vorjährigen Politik Frankreichs mit seinem schließlichen Bedürfniß, kein einiges Italien aufkommen zu lassen, Verlegenheiten zu schaffen, welche bis zu europäischen Kriegen und Coalitionen führen könnten.

In der Anlage erlaube ich mir einige Notizen über die Verstärkung der 4 westlichen Armee-Corps (1. 2. 3. 5.) vorzulegen, welche mir aus sicher Privatquelle zugehen. Be=

merkenswerth ist, daß danach der Kriegsfuß auf den jene Corps im Frühjahr v. J. gesetzt wurden, nur ein halber war, der jedes auf einige 40,000 M. brachte, daß aber seitdem erst die Erhöhung auf die volle Kriegsstärke stattgefunden hat. Die 4 Corps stehen in dem Halbkreis von der Dniester-Mündung bis zum Riemen, so daß der rechte Flügel des 5. (bessarabischen) Corps sich am oberen Dniester (Chotin) an den linken Flügel der 3 polnischen anschließt. Jedes derselben ist in diesem Sommer mit gezogenen Geschützen versehen worden, deren Zahl, entweder für die 3 ersten, oder für alle 4, darüber bin ich zweifelhaft, bis jetzt 72 betragen soll. Die 4 Corps, welche nach allen in Rußland zu veranschlagenden Abzügen, doch immer etwa 200000 M. disponibel haben werden, würden im Lande nöthigenfalls entbehrt werden können, da das 4. und 6., die Moskauer Reserve-Armee, das Garde- und das Grenadier-Corps für den inneren Dienst und etwaige mäßige Küstenvertheidigung ausreichen, der Kaukasus aber seine besondere Armee hat.

Über die eventuelle Zusammenkunft in Warschau höre ich von Loën, daß der Kaiser mit ihm auf der Reise viel bestimmter über den Besuch S. K. H. des Regenten gesprochen hat, als Gortschakow mit mir. Letzterer weiß von den Äußerungen Sr. Majestät bis gestern nichts, und war sehr befremdet als ich sagte, daß ich nach Andeutungen J. M. der Kaiserin Mutter vermuthete, daß zwischen den allerhöchsten Herrschaften die Sache schon bestimmtere Formen angenommen habe.

Ich hoffe daß der Brief in welchem Herr von Loën die Eröffnungen des Kaisers mittheilte, ungefährdet an seine allerhöchste Bestimmung gelangt ist; ich erhielt ihn aus Twer einige Stunden nach Abgang des Local-Schiffes von hier, und schickte ihn durch expressen Boten über Land nach Kronstadt zu Händen des Capitän Steffens.

Die muthmaßliche Ankunft des Kaisers von Oestreich nach

Warschau wird hier in den moskowitischen Kreisen pur sang als etwas sehr Widerwärtiges besprochen, und man versichert, daß er sehr kalt empfangen werden werde, daß nur zu wünschen sei, daß S. K. H. der Regent nicht gleichzeitig mit Kaiser Franz Joseph erscheine, damit man wisse, wem die Abneigung der öffentlichen Meinung gelte, u. s. w. Ich glaube, sie werden, wenn es so weit kommt, alle diese Rodomontaden vergessen haben, und genau thun, wie der Kaiser thut, und in Erwartung oestreichischer Orden, eher noch mehr.

Mit der ausgezeichnetsten Hochachtung verharre ich
Ew. Excellenz
gehorsamster
v. Bismarck.

37.
Bismarck an Minister v. Schleinitz.

Petersburg, $\frac{\text{8. September}}{\text{27. August}}$ 1860.

Verehrtester Freund und Gönner

verzeihen Sie mir, wenn ich in den beiden letzten Immediat= berichten breite Conjectural=Politik treibe, wie ein Zeitungs= schreiber, anstatt feste geschäftliche Thatsachen zu melden. Die Dinge werden sich erst noch abklären und erkennbarer werden müssen. Unzweifelhaft ist Montebello in einiger Sorge, daß Italien und das allgemeine Mißtrauen der Höfe Unheil herauf beschwören können, nicht nur über Napoleon, daraus macht er sich weniger, sondern über Frankreich und dessen Botschafter= Posten. Gortschakow meint, mit Montebello würde er sich sehr leicht einigen, aber der Thouvenel!*) den findet er nicht à la hauteur. Wenn ein englischer Correspondent alle die

---

*) Thouvenel, Minister des Auswärtigen in Paris.

sprudelnden Ergüsse mit angehört hätte, so wäre wieder eine politische Seeschlange fertig, in Gestalt einer continentalen Coalition gegen England, oder, wenn Preußen sich weigert, eine neue Auflage des Schwarzenberg'schen Drei-Kaiserbünd=
nisses von 1851 gegen die beiden revolutionären Protestanten: Preußen und England, diesmal vergesellschaftet mit dem Türken, der die Zeche in erster Linie zu bezahlen hätte. Aber die Pläne der Politiker sind meiner geringen Erfahrung nach immer viel hausbackener, als der Laie sie sich ausmalt. Ich glaube daß es sich für Rußland wirklich nur darum handelt, vor der Hand, das Flotten-Verbot im Schwarzen Meer los zu werden, ein Fleck, der, mit dem wiederkehrenden Selbstbewußtsein des Cabinets, seine Eigenliebe mehr und mehr peinigt. Zu einer Politik mit weiten und kühnen Zielen, und von zweifelhafter Ehrbarkeit, wie hinterrücks die Türkei zu theilen und auf unsre Kosten Frankreich zu befriedigen, wird sich der Kaiser durch seine Minister nie treiben lassen; seine Ziele liegen näher und sind friedlicher.

Fürst Gortschakow sagte mir, seine französischen Intimi=
täten gewissermaßen entschuldigend, daß er mit uns dieselben Pläne wegen „Italiens" pari passu verhandeln würde, wenn er nicht glaubte daß wir ohne Weiteres alles an England mit=
theilen, und dieses, entgegengesetzte Interessen in Italien ver=
folgend, die beabsichtigte conservative Politik sofort hintertreiben würde. „Ich muß schon fürchten" sagte er „daß alles was ich zu Ihnen im Vertrauen darüber rede von Ihnen nach Berlin geschrieben, und dann bald am englischen Hof bekannt wird; thun Sie mir deßhalb den Gefallen, und schreiben gar nicht über diese Dinge, bis ich Sie selbst darum bitte." Das konnte ich nun zwar nicht vermeiden zu versprechen, er muß sich aber selbst sagen, daß man solche Versprechen dienstlich nicht halten kann. Gewiß scheint aber, daß alles was von uns in London mitgetheilt wird, auch in Paris kein Geheim=

niß bleibt, und von dort jedenfalls hier wieder angebracht wird, wenn es sich irgend eignet, um hier Mißtrauen zu erwecken oder Verdruß zu machen. Es pflegt heut zu Tage nichts geheim zu bleiben, und die Welt weiß immer mehr als wirklich geschieht, und alles viel früher als es geschieht; z. B. die Zusammenkunft in Warschau steht noch jetzt kaum fest, die Zeitungsleser aber haben schon seit 2 Monaten nicht den mindesten Zweifel darüber und würden heut von der amtlichen Ankündigung gar nicht mehr überrascht sein. Die Nachricht ist veraltet, noch ehe sie richtig war. Gortschakow hofft der Begegnung alles zu nehmen, was Frankreich besorgt machen und durch ein neues „Pitt= und Coburg"=Geschrei dahin treiben könnte, sein Heil in Krieg und Nationalitäts=Revolutionen zu suchen. Ich kann nur wiederholen, wie wichtig es für die hiesigen Verhältnisse ist, die persönlichen Beziehungen zwischen S. K. H. dem Regenten und dem Kaiser lebendig und warm zu halten. Die Verehrung des Kaisers für seinen erhabenen Ohm ist so aufrichtig, und seit den Vorgängen der letzten Monate womöglich gesteigert, daß S. K. Hoheit mehr in russischer Politik ausrichten können als alle Diplomaten, wenn sie auch erheblich besähigter wären als Allerhöchst dero unterthänigster Diener, der Schreiber dieses.

Ich muß meine plauderhafte Tintenergießung abbrechen, da der Postdampfer nach Kronstadt vor meinen Fenstern schon dicke Wolken des schwärzesten Rauchs von sich giebt und einige zu zeichnende munda meiner Feder noch harren.

Mit der aufrichtigsten Verehrung und Ergebenheit

der Ihrige

v. Bismarck.

38.
Bismarck an Minister v. Schleinitz.

Petersburg $\frac{15.}{3.}$ September 1860.

Verehrter Herr und Freund

Ihre telegraphische Anfrage, ob ich die Depesche 229 erhalten hätte, öffnete mir die Augen darüber, daß aus meinen Immediatberichten vom 5. und 7. das eigentliche Thema probandum nicht klar genug hervortritt, und nachdem ich die Concepte wieder gelesen, finde ich allerdings daß ich die eigentliche Basis der Situation, die französische Depesche an Persigny vom 22. August, nur mit der allgemeinen Bezeichnung „der neuesten Eröffnungen Frankreichs nach London und Turin" abgefunden habe. Bei der Schnelligkeit mit welcher die Ereignisse laufen, behandelte ich diese Urkunde über die letzte Schwenkung der Pariser Politik bereits als Material für Beckers Weltgeschichte, und wandte mich so einseitig den späteren Consequenzen der Thatsache zu, daß diese selbst zurücktrat und meine vollständige Bekanntschaft mit ihr nicht klar ersichtlich blieb. Jeder schreibt unter dem Eindruck dessen was ihn umgiebt, und hier war seit 8 Tagen die diplomatische Atmosphäre von der Frage erfüllt, was seit Mittheilung der franz. Depesche vom 22. Aug. zwischen Gortschakow und Montebello so eifrig verhandelt werde. Ersterer machte aus der, hier sehr früh mitgetheilten Depesche an Persigny und den sich daran knüpfenden französischen Circularen kein Geheimniß, lobte die conservative Wendung welche man in Paris genommen habe, und schrieb sich ein wesentliches Verdienst an derselben zu. Mir gegenüber sprachen er und Montebello von dem Plan Frankreichs, den oestreichisch-italiänischen Krieg, der kommen müsse, zu localisiren, und sich unschädlich abspinnen zu lassen. Montebello ließ durchblicken, daß er mit Fürst G. über diesen Plan nicht einig werden könne, und der Fürst war sehr arm an Gründen für seine Weigerung sich auf ein Verlangen einzulassen, welches der russischen Politik so ganz zu entsprechen schien. Die Verhandlungen hatten vorläufig die Absendung eines Couriers nach Paris durch Montebello zur Folge. Außer mit mir scheint mit keinem dritten Gesandten über den Plan gesprochen worden zu sein, wenigstens erfuhr Thun nur durch mich davon, und der englische Geschäftsträger sieht noch heute in einer freiwilligen Abtretung Venedigs durch Oestreich, den alleinigen Ausweg aus dem Labyrinth der italiänischen Frage. Er erklärt dabei die Abberufung des französischen Gesandten aus Turin für Blendwerk (humbug) und glaubt daß hinter den Coulissen die vollkommenste entente cordiale Frankreichs mit Sardinien fortdaure. Dies war das Skelett der Situation von der ich durch meine beiden Immediatberichte Rechenschaft geben wollte; weil ich aber die Continuität der Darstellung durch einige Sprünge beeinträchtigt habe, so erlaube ich mir zur Ausfüllung der Lücken hiebei eine weiter zurückgreifende Skizze, in Gestalt eines Berichts ohne Kopf und Schwanz einzureichen. In dem Moment wo ich dies schreibe, bringt mir Schlözer den Beweis, daß es nicht zutrifft, indem er meine Intention mißverstanden, und einen regelmäßigen Bericht daraus gemacht hat, dem ich deshalb wenigstens eine geschäftsmäßige Einleitung an die Stirn kleben muß.

Die französirende Phantasie der National-Russen beschäftigt sich mit dem Gedanken, daß nicht nur König Max, sondern auch Kaiser Napoleon nach Warschau kommen werde. Ersteres wird mir aus zuverlässiger Quelle bestätigt, so daß ich es gestern telegraphirt habe; aber Napoleon — daran zweifle ich, obwohl mit Schüchternheit, da das Unwahrscheinlichste heut alle Tage geschieht, und die „Solidarität der continentalen Interessen" hier Stichwort ist. — Mir und den Meinigen geht es mit Gottes Hülse wohl, und meine Gesundheit hat sich seit meiner Herkunft täglich gekräftigt, trotz der Arbeitslast, die mich selten zu Athem kommen läßt; nicht einmal zu den nöthigsten Besuchen bleibt mir Zeit, wenn die 50000 Reclamations-Preußen gehörig abgewartet werden sollen. Im Handelsministerium hat man eigenthümliche Ideen über die Denkungsart hiesiger Geschäftsleute; man glaubt daß sachliche Gründe über den Nutzen von Verkehrserleichterungen, in Zoll- und Eisenbahnsachen (Doppelgeleise nach Kowno) hier irgend welche Beachtung finden. „Wir verlangen gar keinen Einfuhrhandel,“ sagt man mir, „er ist schon viel zu stark, und die Ausfuhr wollen wir von Kowno eben nicht nach Königsberg, sondern nach Riga und Libau dirigiren!“ Über die Handels- und Tarifverhältnisse berichte ich nächste Woche; fin de non recevoir, durchweg. Außer der Überbürdung mit Arbeit wird mein Behagen einigermaßen durch Nahrungssorgen gestört. Seit meiner Studentenzeit befinde ich mich zum ersten Mal wieder in einer östreichischen Finanzlage, d. h. in der des stehenden Deficit, und ist mir darüber nur das Eine klar, daß es so nicht bleiben kann. Ich werde Anträge machen, sie werden aber abgelehnt werden, und ich muß mich dann entweder in das Proletariat des hiesigen diplomatischen Corps oder in meine Heimath zurückziehen. Dazu der Hohn der Legationskasse, die mir Abzüge macht für die Zeit meines Aufenthalts in Berlin, wo mich mein Heimweh nach Petersburg fast zur Insubordination in Gestalt einer Flucht auf meinen Posten verleitete! „Doch fühllos, wie das Eisen war“ pp Verzeihen Sie diesen hastigen Brief, das Dampfschiff raucht dicht vor meinem Fenster, und mahnt mit seinem Qualm zur Eile. In freundschaftlicher Hochachtung

Ihr

aufrichtig ergebener

v. Bismarck.

39*).

Minister v. Schleinitz an Bismarck.

Berlin, den 21. September 1860.

Verehrter Freund,

Die verschiedenen in der Form von Privatbriefen Ihrerseits in letzter Zeit an mich gerichteten Mittheilungen sind mir, ohne Zweifel in ununterbrochener Vollständigkeit, während meines ländlichen Aufenthalts in Thüringen, wo es mir zwar nicht an Zeit, aber wohl an sicherer Gelegenheit und an Stoff gebrach, um sie in angemessener Weise zu beantworten, zugegangen. Seit zwei Tagen in die Residenz zurückgekehrt, habe ich zunächst eine solche Masse angesammelten Stoffes in Form bisher retinirter diplomatischer Conversationen und geschriebener Aktenstücke vorgefunden, daß ich mich auch heute nur auf wenige Zeilen beschränken muß, die zunächst den Zweck haben, Ihnen für Ihre interessante Correspondenz meinen Dank auszusprechen und Ihnen die vorläufige Mittheilung zu machen, daß es mir, zwar nicht ohne harte Kämpfe, aber dennoch gelungen ist, den über Ihrem Haupte schwebenden Gehaltsabzug glücklich abzuwenden.

Der eigenhändige Brief des Regenten, der Ihnen heute zugeht, um durch Ihre Vermittelung dem Kaiser zugestellt zu werden, hat den Zweck, einigermaßen vorbauend die Richtung zu bezeichnen, die unser allergnädigster Herr bisher in seinen Zusammenkünften festgehalten hat, und die er auch bei dem Warschauer Rendezvous nicht zu verlassen wünscht. Ob dies ganz mit des Kaisers und des Fürsten Gortschakoff Absichten stimmt, die vielleicht bei ihnen selbst noch nicht ganz feststehen und über die jedenfalls für uns noch ein gewisses Dunkel schwebt,

---

*) Anhang zu den Gedanken und Erinnerungen von Otto Fürst v. Bismarck Bd. II, S. 316.

wird erwartet werden müssen. Es versteht sich von selbst, daß die Warschauer Zusammenkunst für uns vor allen Dingen den Charakter einer gegen England gerichteten Demonstration nicht machen darf, eine Gefahr, die bei den von Fürst Gortschakoff wiederholt betonten continentalen Interessen vielleicht zu absichtlich angedeutet ist, um auf einen tiefer gehenden Plan des Russischen Cabinets in dieser Beziehung schließen zu lassen. Jedenfalls haben wir auf unserer Hut zu sein, selbst wenn Frankreich in Warschau nicht eben in Person, was mir indessen gar nicht außer dem Bereich der Möglichkeit zu liegen scheint, sondern nur durch seinen Geist vertreten sein sollte. — Gestern ist Ihr Telegramm wegen der Abberufung des Gesandten aus Turin richtig hier eingetroffen. Budberg hatte mir kurz vorher schon von der Sache gesprochen. Wir sind übereingekommen, die angekündigte motivirte Mittheilung, die nicht vor nächstem Dienstag hier sein kann, abzuwarten. Prima facie scheint mir die Sache doch große Bedenken zu haben. Das was sich zwischen Piemont und Rom unter unsern Augen begiebt, ist zwar der Art, daß Hugo Grotius, Pufendorf, Vatel und der selige Wheaton Einiges dazu zu sagen haben würden, allein es ist im Grunde doch nur eine neue kaum vermehrte und verstärkte Auflage dessen, was in Beziehung auf Toscana, die Herzogthümer, die Romagna und neuerdings Neapel als landläufige Münze piemontesischer Politik in Curs gesetzt worden ist, ohne daß die Mitglieder des Europäischen Areopags auch nur bis zur Höhe eines bescheidenen Protestes sich erhoben hätten. Die Abberufung auf Grund eines ganz analogen Verhaltens gegen Rom würde mir daher ein logischer Hiatus zu sein scheinen, der um so bedenklicher wäre, als er in einen nicht wünschenswerthen Cansal=Nexus mit dem französischen Beispiel gebracht werden könnte, das gerade in diesem Falle nachzuahmen sich aus mancherlei Gründen kaum empfehlen dürfte. Doch das und Anderes sind nur vorläufige Eindrücke, und bevor wir uns definitiv entschließen, wird jedenfalls die russische Mittheilung abzuwarten sein.

Die Großfürstin Helene, die mich heute empfangen und mit einer längeren Unterredung beehrt hat, wird übermorgen Abend nach Petersburg abreisen, zu derselben Zeit begiebt sich der Prinz-Regent zum Empfange der Königin Victoria nach Aachen.

Mit aufrichtigster Freundschaft

ganz Ihr

Schleinitz.

40.
Bismarck an Minister v. Schleinitz.

Petersburg 5. October 1860.

Verehrtester Freund und Gönner,

Was ich politisch zu melden habe, enthält mein heutiger Bericht, und ich füge diese Zeilen nur bei, um Ihnen meinen aufrichtigsten Dank für Ihr Schreiben vom 21. v. M. zu sagen, und für die wohlwollenden und erfolgreichen Bemühungen, durch welche Sie die Sorgen eines von der Legationskasse schwer bedrängten Hausvaters erleichtert haben. Der mir angedrohte Ausfall entsprach gerade dem am 1. October fälligen Tertial meiner Hausmiethe, und da meine Wirthin mir erklärt hat, daß sie mich nur deßhalb einem höher bietenden Russen vorgezogen hätte, weil die Gesandten wirklich zu bezahlen pflegten, die einheimischen Miether aber nicht, so ist es mir doppelt erfreulich zur Erhaltung dieses guten Rufs in den Stand gesetzt zu sein.

Der Kaiser machte mir gestern Entschuldigungen, daß er mich nicht zur Jagd nach Bialystok einlade, weil der Platz dort zu beschränkt sei und fügte hinzu „aber jedenfalls werde ich mich freuen Sie in Warschau wiederzusehen". Ich sagte daß ich die Befehle S. K. H. hierüber noch erwartete, worauf er erwiederte, „Ich hoffe man wird es Ihnen erlauben". Fürst Gortschakow forderte mich heute auf schleunigst zu telegraphiren, daß der Kaiser meine Anwesenheit in Warschau lebhaft wünsche, und er selbst (Gort) um dieselbe bitte. Ich war sehr dankbar für diese Beweise von Wohlwollen und versprach Ihnen telegraphische Meldung davon zu machen. Ich bin aber etwas Fatalist in Betreff meiner Person und ungern meines eigenen Schicksals Schmied, und warte daher lieber ab, was Allerhöchsten Orts über mich befohlen wird. Wenn es der Wille S. K. H. ist, daß ich komme, so würde ich lieber zu Wasser über Stettin reisen, und könnte entweder den 13.1. October mit dem Wladimir oder den 18.6. mit dem Privatdampfer reisen. Im ersten Falle wäre ich den 16., im zweiten den 21. in Stettin resp. Berlin. Der Kaiser ist den 1.13. in Wilna, den 8.20. in Warschau und bleibt dort bis zum 16.28. Thun geht von hier zu Lande nach Königsberg, und, wie er sagt, von dort über Kreuz, Posen, Breslau nach Oderberg, um da den Kaiser von Oestreich zu erwarten. Er würde danach Berlin nicht berühren.

Ich erlaubte mir gestern dem Kaiser die Frage wegen Napoleons Kommen nach Warschau und Thouvenels Einladung direct vorzulegen; er that zuerst die Gegenfrage ob ich schon mit Gortschakow darüber gesprochen hätte, und auf meine verneinende Antwort sagte er mir was ich in Bericht gemeldet; das Thema war ihm aber ersichtlich unwillkommen, er verließ es schnell, und es gelang mir nicht ihn darauf zurückzubringen. Ich halte für unzweifelhaft, daß es nur von Napoleon abhängt, zu kommen und wohl aufgenommen zu werden, wenn ich auch gern glaube, daß der Kaiser nicht die leiseste Andeutung darüber nach Paris gegeben hat. Ich wage aber nicht, eine solche persönliche Überzeugung in amtlichem Bericht auszusprechen; sie kann trügerisch sein, und als geglaubte Nachricht bei uns oder in Wien störend wirken. Außerdem ist es sehr zweifelhaft, ob Napoleon, selbst wenn er die Gewißheit hätte, dem Kaiser eben so willkommen zu sein wie dem Fürsten Gortschakow, die Reise nach Warschau seinem eigenen Interesse entsprechend finden würde; es lassen sich viele Gründe dafür und dawider in seiner Seele aufstellen. Montebello hat das dringende Bedürfniß, seinen Herrn in guter Gesellschaft zu sehen; durch diese Brille betrachtet er die hiesigen Verhältnisse, und wird daher um so lieber glauben und nach Paris gemeldet haben, daß die Wirthe in Warschau d. h. Rußland ihn gern willkommen heißen würden, wenn er uneingeladen nach Warschau käme. Die hiesige öffentliche Meinung, worunter die national-russische Parthei zu verstehen ist, schwärmt für den Gedanken, während sie die Zusammenkunft mit Oestreich auf das bitterste critisirt. Wenn sie erst wüßte, was ich nach den gestrigen Außerungen des Kaisers über die Solidarität der ungarischen und der polnischen Revolution als sicher annehme, daß S. Majestät geneigt ist, dem undankbaren Oestreich gegen einen neuen Aufstand der Ungarn wiederum Hülfe zu leisten, so würde der Zwiespalt zwischen der persönlichen Richtung des Kaisers und den Wünschen der Mehrheit seiner intelligenteren Unterthanen sich wohl viel schärfer noch manifestiren. Die studirten Klassen und die Offiziere sind die lautesten in der Kritik; die ersteren natürlich, das Gebahren der Militairs aber befremdet mein preußisches Gefühl. Es überschreitet alle Schranken des Anstandes, wie in der Stummen von Portici die revolutionären Scenen mit frénésie und lediglich um der politischen Demonstration willen vom Publicum, vorzugsweise aber von den jungen Offizieren, applaudirt werden; es fehlt nur noch daß sie Garibaldi dabei leben lassen. Es hilft nichts daß die Oper in „Fenella" umgetauft ist.

Meine heutige telegr. Depesche über die Audienz beim

Kaiser ist sehr lang und theuer geworden; ich bin sonst sparsamer darin, hatte mir aber berechnet, daß Sie Dienstags, wenn die Post dort eingeht, in Coblenz sein werden, und wollte deßhalb die Hauptsachen vorher zu Ihrer Kenntniß bringen. Sir J. Crampton, der mir die vorige Expedition bringen sollte, schwärmt vermuthlich noch bei seiner radicalen Schwägerin in Danzig, der Frau des Abgeordneten Behrend, geb. Ralfe; hier ist er wenigstens noch nicht eingetroffen.

Darf ich noch bitten, solche Mittheilungen, die mir Gortschakow verargen könnte wenn er sie wiedererführe, mit besonderer Vorsicht zu behandeln; ich meine natürlich nicht, daß mir durch geschäftliche Besprechungen im rechtmäßigen Verkehr Verlegenheiten bereitet werden könnten; sondern habe im Auge daß Budberg dafür gilt Personalbeziehungen zu haben, die mehr zu seiner Kenntniß bringen, als er mit Ihrer Bewilligung erfährt. Ich selbst habe ihn im Laufe der Jahre oft verdächtig gut unterrichtet gefunden, über den intimsten Geschäftsgang.

In aufrichtigster Verehrung und Ergebenheit

der Ihrige

v. Bismarck.

41.

Bismarck an Minister v. Schleinitz.

Petersburg 9. November 1860.

Ew. Excellenz

habe ich vor 8 Tagen gemeldet, welche Aufnahme unsre Mittheilung über die Warschauer Vorlagen hier zunächst gefunden hat. Ich erlaube mir durch den Grafen Aragon (Cutrosiano)*)

---

*) Graf Aragon-Cutrosiano, Agent des Königs Franz von Neapel.

in diesem Brief einige Details nachzusenden, von denen ich indessen nicht weiß, wann sie in Ihre Hände gelangen werden, da dieser Neapolitaner nicht sehr eilig im Reisen sein wird.

Fürst Gortschakow mußte seit Warschau nähere Aufklärungen über die Intention der dortigen französischen Eröffnungen erhalten haben; denn während er mir in Warschau noch aus dem Brief des Kaisers Napoleon zu beweisen suchte, daß Frankreich sich auch einem vor dem Kriege abzuhaltenden Congreß nicht versagen werde, äußerte er jetzt ganz unumwunden, daß die französischen Vorlagen nur einen Congreß nach dem Kriege im Auge gehabt hätten, der Krieg selbst aber als unvermeidlich angesehen werde. Wenn er auch vorgiebt, daß Rußland sich einer sofortigen Congreß-Berufung nicht entgegenstellen würde, so ist er doch für diesen Gedanken, der ihn in Warschau noch lebhaft beschäftigte, sehr lau geworden. Dem Prinzen Alexander von Hessen hat er gesagt, daß ein Congreß gegenwärtig nur von Oestreich oder von Frankreich angeregt werden könne; Rußland werde keinen Schritt dazu thun, und England sich sogar weigern, wenn die Initiative von Anderen ausgehe. Obschon Prinz Alexander, der sich selbst den Titel „commis-voyageur politico-militaire" beilegt, fortwährend um den Kaiser ist und hier sowie in Zarskoe unmittelbar bei Sr. Majestät wohnt, so scheint er doch politischen Einfluß auf die Allerhöchsten Entschließungen nicht zu gewinnen. Seine Bemühungen das System der Solidarität der conservativen Interessen hier neu zu beleben, sind erfolglos, so günstig auch bei dem Kaiser, nach dem was S. M. vor Warschau mir über Ungarn und Polen sagte, das Terrain zu sein schien. Er hat den Fürsten Gortschakow wiederholt bearbeiten wollen, und eine bestimmte Erklärung darüber gewünscht, was Rußland thun werde, wenn Oestreich zunächst von Italien und dann von Frankreich angegriffen würde; der Fürst hat erwiedert: nous ne bougerons pas, und ebenso auf die weitere Frage, ob auch dann nicht, wenn Oestreich den Krieg unglücklich führte. Es liegt darin doch ein Fortschritt, gegen die Haltung Rußlands im Frühjahr 1859, die, als diplomatische Attitüde nicht frei von Drohung für den Fall war, daß Oestreich siegreich gewesen wäre. So genügsam ist man in Wien aber nicht, daß man für diesen Fortschritt empfänglich wäre.

Den 10.

Bei der heutigen Beisetzungsfeier in der Peter-Pauls-Kirche ersuchte mich Fürst Gortschakow die Frage wegen Abberufung unsrer Mission aus Turin nochmals bei Ew. Excellenz anzuregen, und darauf aufmerksam zu machen, daß die Bedingung welche wir uns gestellt hätten, nemlich weitere Annexionen von Seiten Piemonts, nunmehr nach telegraphischen Nachrichten erfüllt sei, und er daher anfrage, was wir zu thun gedächten. Wenn er nicht in amtlicherer Form nochmals darauf zurückkommt, so scheint mir daß wir diese Anregung als ein Stück Privat-Conversation betrachten und auf sich beruhen lassen können; pour acquit de conscience kann ich ihm sagen, daß ich Jhnen darüber geschrieben hätte, und schließlich ist keine Antwort auch eine. Unsre Prinzen befinden sich wohl, nur natürlich sehr ermüdet, nachdem gestern und heut das Geleit der Leiche Ihrer Majestät von Zarskoe bis zur Stadt zu Pferde, vom Thore bis zur Festung zu Fuß gegeben worden, und die Herrschaften mit den Gliedern der Kaiserlichen Familie eigenhändig den Sarg die steilen Wendeltreppen im Kloster Tschesma hinauf und herunter und vom Wagen zum Katafalk der Kirche getragen haben, was bei dem Gewicht der metallenen Särge nur mit äußerster Anstrengung der Kräfte möglich war. Die Theilnahme der Bevölkerung an der Feier war so allgemein, daß alle Straßen durch welche der Zug nicht ging, wie ausgestorben waren. Das diplomatische Corps war in die Kirche geladen, und gab dem Hofe dadurch einigen Anstoß, daß außer den Frauen des schwedischen und des griechischen Gesandten, welche Russinnen und griechischer Confession sind, meine Frau die einzige anwesende Dame war, so daß von den vielen Eingeladenen nur 3 erschienen; die andern fanden es entweder zu ermüdend (wir hatten über 3 Stunden zu stehn) oder zogen es vor, den Zug aus den Fenstern bei dem dänischen Gesandten anzusehn. Unsre Offiziere vom Regiment der hochseligen Kaiserin thun mit denen der Chevalier-Garden abwechselnd den Wachtdienst am Katasalk, auch der Herzog Wilhelm; bei dem Zuge von Zarskoe her waren sie in die Chevalier-Garde eingetheilt; der Herzog von Mecklenburg*) trug mit dem Obersten dieses Regiments das Leichentuch und Rittmeister von Rauch**) führte die Leibschwadron. Am Sonnabend findet die Beerdigung statt; bis dahin steht der Sarg auf dem Katasalk, und wird täglich Messe gehalten, zu welcher sich der Kaiser jedesmal einfindet. Das Programm der Feier werde ich nach dem Schluß derselben einsenden.

Der Herzog von Ossuna hat die Ernennung zum Botschafter Spaniens schon vor einigen Wochen erhalten, bisher aber, wegen des Ablebens J. M. der Kaiserin und wegen der Trauer noch nicht zu amtlicher Audienz und Anerkennung gelangen können.

Mit der ausgezeichnetsten Hochachtung verharre ich

Ew. Excellenz

gehorsamster

v. Bismarck.

---

*) Herzog Wilhelm von Mecklenburg-Schwerin, Commandeur des Brandenb. Kürassier-Rgts. Kaiser Nikolaus von Rußland.

**) v Rauch, Rittmeister in diesem Regiment.

42.
Bismarck an Minister v. Schleinitz.

Petersburg 20/8 November 1860.

Ew. Excellenz

vermag ich bei der mir durch die Rückreise Ihrer Königlichen Hoheiten der Prinzen gebotenen Gelegenheit nichts von erheblichem Interesse zu melden. Die Theilnahme der höchsten Kreise war in den letzten Wochen durch die Trauer und die sich daran knüpfenden Feierlichkeiten so ausschließlich in Anspruch genommen, daß in dem politischen Verkehr ein gewisser Stillstand eintrat. Wenigstens äußerlich, während Fürst Gortschakow täglich ein oder mehrere Stunden mit dem französischen Botschafter arbeitet, ohne daß einer von beiden über den Inhalt ihrer Besprechungen etwas verlauten läßt. Vermuthlich handelt es sich wieder um eine jener Combinationen, für welche man von Paris aus die impressionable Lebhaftigkeit der Fürsten zu interessiren weiß, und bei deren späteren Verlauf im Sande er jeder Zeit andere Ursachen des Mißlingens als die Unzuverlässigkeit der französischen Vorspiegelungen nachzuweisen sucht. Der Kaiser Napoleon weiß jedenfalls, daß die politischen Ansichten welche sein hiesiger Botschafter hegt oder zu hegen vorgiebt, mit den letzten Zielen der Kaiserlichen Politik nichts gemein haben, daß aber gerade deßhalb der Herzog von Montebello ein nützliches Organ ist, um bei dem Fürsten Gortschakow, oder in Gemeinschaft mit diesem, bei S. M. dem Kaiser die Illusion zu erhalten, als ob sich Bedingungen auffinden ließen, unter welchen Napoleon, jeder Anlehnung an England unwiderruflich entsagend, seine Politik in solche Bahnen lenken werde, welche ein friedliebender Kaiser von Rußland ehrlich mit ihm wandeln könne, ohne den eignen Traditionen und Gefühlen untreu zu werden. Diesen Stein der Weisen glaubte man zu verschiedenen Zeitpunkten dieses Jahres und schließlich vor Warschau, ziemlich sicher zu haben; aber auf dem italiänischen wie auf dem orientalischen Gebiete fand es sich jedesmal, daß die Wege welche der Fürst und der Herzog gemeinschaftlich angebahnt hatten, und welche der Kaiser Alexander einzuschlagen veranlaßt wurde, zu keinem Ziele führten. Fürst Gortschakow ist, bei aller sanguinischen Einbildungskraft, zu scharfsinnig um nicht zu wissen, daß er durch den Botschafter weder die intimsten Gedanken der napoleonischen Politik erfahre, noch auf dieselbe wesentlichen Einfluß üben kann. Ich nehme vielmehr an, daß er, ebenso wie Napoleon, den Nimbus von Ehrlichkeit und Conservatismus, welche die Person des Herzogs um sich verbreitet, für ein geeignetes Hülfsmittel hält, um das Mißtrauen zu überwinden, mit welchem die französische Politik den Kaiser Alexander erfüllt hat, und daß er sich durch die bisher mißlungenen Versuche von Erneuerung derselben nicht abschrecken läßt. Es steht abzuwarten, wie lange Kaiser Alexander die Fortsetzung dieser Experimente zulassen wird. Bisher findet der Minister Seiner Majestät eine Operationsbasis in der Thatsache, daß beide Kaiser, wenn auch aus sehr verschiedenen Beweggründen, Gegner der italiänischen Einheit sind, ohne gegen dieselbe direct einschreiten zu wollen. Aber diese gemeinsame Abneigung gegen die Ergebnisse der italiänischen Bewegung bildet schwerlich ein hinreichend starkes Bindemittel, um auf positivem Gebiete den Einen in die Wege des Andern zu ziehen, und eine Verständigung über die künftige Gestaltung Italiens oder des Orients oder über die damit zusammenhängende Stellung England gegenüber, zu ermöglichen.

Von Wien ist keine weitere Auslassung über die Warschauer Vorlagen hieher gelangt, und Fürst Gortschakow versichert, daß Oestreich über dieselben direct in Paris unterhandle. Ein andrer wohleingeweihter Diplomat behauptet sogar, daß Graf Rechberg die Bestrebungen seines Vorgängers nach Anlehnung an ein westmächtliches Bündniß wieder aufzunehmen suche. Nun ist zwar dieses „Bündniß" an sich von problematischer Existenz, und eine Verständigung Oestreichs mit Lord John Russel's Ansichten über italiänische Volkssouveränität kaum denkbar; wie ich indessen Gr. Rechbergs Leidenschaftlichkeit kenne, halte ich bei ihm auch die ungereimtesten Experimente und Berechnungen für möglich, falls er nur von Warschau die hinreichende Dosis von Galle gegen Rußland resp. Preußen mit nach Hause gebracht hat.

Grf. Stackelberg*) und Balabine**) sind noch hier. Ersterer tadelt, daß man sich von Frankreich zum Bruch mit Sardinien habe verleiten lassen, und meint daß man früher oder später wieder anknüpfen werde, ohne eine Genugthuung für die von Rußland vertretenen Principien erlangt zu haben. Er glaubt nicht an die Möglichkeit, die rechtmäßigen Fürsten Italiens, Neapel eingerechnet, in dauerndem Besitz zu erhalten, wenn es auch gelänge sie gewaltsam wieder einzusetzen. Von Napoleon nimmt er an, derselbe rechne darauf, daß die Einheit Italiens durch inneren Zwiespalt oder durch Krieg mit Oestreich zu Fall gebracht, und dann für Frankreich die Zeit kommen werde, neue Fortschritte seiner Macht zu versuchen, eher im Süden durch müratistische Pläne, als im Norden. Von einer analogen Besorgniß geleitet, werde Victor Emanuel die Einnahme Gaëta's nicht beeilen wollen, weil er voraussehe, daß nach derselben die Agitation zum Angriff Venedigs mit erneuter Kraft auf ihn eindringen werde.

Gr. Thun ist, wegen ansteckender Krankheit in seinem Hause, noch immer in Quarantäne. Der Herzog von Ossuna hat seit seiner Ernennung zum Botschafter zwar eine Audienz bei Sr. Majestät gehabt, die Veränderung seiner Stellung ist aber noch nicht bekannt gegeben. Die Ernennung Lord Bloom-

---

*) Graf Stackelberg, Russischer Gesandter in Turin.
**) von Balabine, Russischer Gesandter in Wien.

field's zum Botschafter in Wien überrascht hier, und wird als Symptom der Annäherung an Oestreich und einer Aenderung der englischen Politik wenigstens in Betreff Venetiens, aufgefaßt.

Über die stattgehabten Trauerfeierlichkeiten berichte ich nicht, da außer den höchsten Herrschaften und deren Gefolge, welche aus eigener Wahrnehmung und mündlich, besser als ich, S. K. H. dem Regenten Nachricht geben werden, auch der Historiograph und Hofrath Schneider, wie ich äußerlich vernehme, als Berichterstatter hergesandt ist.

Die Schiffahrt ist seit 3 Tagen wieder in vollem Gang, und die Eisenbahn bis Dünaburg gestern, ganz heimlich möchte man sagen, in Betrieb gesetzt worden, nachdem dieser lange ersehnte Moment Monate hindurch wegen frivoler Büreau-Streitigkeiten unterblieb, hinter denen man den Mangel an ausreichenden Trinkgeldern für hohe Beamte vermuthete. Mit der ausgezeichnetsten Hochachtung verharre ich

Ew. Excellenz
gehorsamster
v. Bismarck.

43.
Bismarck an Minister v. Schleinitz.

Petersburg 30/18 November 1860.

Verehrtester Freund und Gönner!

Croy reist morgen ab, und ich gäbe ihm gern einen politischen Bericht mit, aber es fehlt mir an jeglichem Stoff dazu; ich kann aus einer mageren Conversation die ich heut mit Gortschakow hatte nichts weiter als den Inhalt des dürftigen Berichts über Donaufürstenthümer entnehmen, der hierbei erfolgt. Auch bei andren Gelegenheiten die ich in dieser Woche hatte meinen ministeriellen Freund zu sehen, sagte er mir, daß nichts vorläge was der Mittheilung werth sei. Damit steht es einigermaßen in Widerspruch, daß er in demselben Athem über die täglich wachsende Geschäftslast klagt. In der That ist er von vielem Sprechen heiser, und da er sich von den täglich stattfindenden Ministerialsitzungen wegen der Bauernfrage zurückhält, so muß ich den angegriffenen Zustand seiner Luftröhre ausschließlich auf Rechnung des französischen Botschafters setzen, mit dem er nach wie vor alle Tage conferirt. Mitunter affectirt er auch mit gelungener Mimik eine tonlose Heiserkeit und ruft auf Grund derselben mein Mitleid an, nachdem sein Secretär mir soeben gesagt hat qu'aujourd'hui il a l'organe parfaitement sonore, und ich mich schon auf der Treppe von der Richtigkeit dieser indiscreten Mittheilung habe überzeugen können. Kurz, er hat zwar sehr viel zu thun, aber mir nichts mitzutheilen. Ich habe diese Zeit benutzt, um mich mit Stackelberg, Balabine, dem Brüsseler Orloff*), welche noch hier verweilen, und mit jüngeren Arbeitern des Ministeriums bekannt zu machen, von denen besonders Baron Jomini die rechte Hand des Ministers ist. Wenn letzterer französisch gesinnt ist und nach Pariser Beifall dürstet, so sind jene Herren ohne Ausnahme und ohne Reserve, nach unsrer Elle gemessen, revolutionär, Italianissimi, Nationalitätsfanatiker für In- und Ausland. Ich finde überhaupt hier in Civil und Militair, bei alt und jung, mit Ausnahme der näheren Freunde des alten Nesselrode, niemand der nicht für Garibaldi und die italiänische Einheit das Wort führte, der nicht laut über die hiesige Regirung und die Apathie des Kaisers klagte und nicht die Nationalität als erste Grundlage staatlicher Berechtigung behandelte. Gortschakow erscheint dagegen wie ein vermittelndes Glied, welches die Kluft zwischen den Anschauungen des Kaisers

---

*) Fürst Nicola Orloff, Russischer Gesandter in Brüssel.

und denen der öffentlichen Meinung überbrückt. Wenn er abginge, so gehörte eine sehr energische Widerstandskraft des Kaisers dazu, wenn das Steuerruder nicht in Hände gelangen soll, die noch weiter als bisher von allem ablenken, was man hier deutsche Einflüsse nennt. Die Vorliebe für Frankreich ist nicht allgemein; man stößt auf heftige Gegner Napoleons, vom liberalen Standpunkte aus; dagegen sympathisirt Alles mit Italien, mit Ungarn und viele selbst mit deutschen National-Bestrebungen. Eine neue Erscheinung ist das Tragen des russischen National-Costümes in den höheren Ständen, wie in Ungarn; man sieht im Theater elegante Herren in blauen oder grünen Sammtpelzen, mit sogenannten Bojarenmützen (wie die unsrer Gardehusaren, mit Pelz). Die Geistlichkeit begünstigt die nationalen Regungen, und der Graf Stroganoff, der Vormund (Curator) des Thronfolgers, dessen Einfluß am Hofe steigen soll, und der als eventueller Minister-Candidat genannt wird, hat seine Wirksamkeit mit der Entlassung des Hofraths Grimm, des deutschen Erziehers S. K. H., begonnen. Er hat sein Verlangen damit motivirt, daß ein zukünftiger Kaiser le plus russe des Russes sein müsse, und daß es in Frankreich nie geduldet werden würde, den Thronerben durch Ausländer erziehen zu lassen. Einigen der hiesigen Nationalitätsschwärmer habe ich die Frage vorgelegt, wie sie sich mit Polen abzufinden gedächten, wenn sie die Nationen allein als staatlich berechtigt anerkennen. Die Antwort war, daß es in Rußland so gut wie keine Polen gäbe; die westlichen Provinzen seien von litthauisch sprechenden Russen, und im größeren südlichen Theil von russisch sprechenden Ruthenen griechischer Confession bewohnt, daneben allerdings von einer Anzahl polnischer Edelleute, als fremden Grundherrn. Eine wirklich polnische Bevölkerung von etwa 3 Millionen existire nur längs der Weichsel im Königreich; die könnten sich immerhin selbstständig organisiren, besonders wenn Rußland dafür die östliche, ruthenisch-griechische Hälfte Galiziens erhielte. Ethnographisch ist die Behauptung annähernd richtig, wenn auch nicht in der Vollständigkeit. Es sind alle diese Wahrnehmungen für den Augenblick ohne practische Bedeutung an sich; aber die Stimmung auf welcher sie beruhn ist eine allgemeine durch alle Stände; sie übt auf die Regirung einen Druck, der letztre von Deutschland, wenigstens von dessen dynastischen Interessen, mehr und mehr entfremdet, und dieser Druck wird mit zunehmender Freiheit der Presse stärker werden. Für Rußland selbst verlangt und erwartet jeder der nicht gerade ausschließlich von seinem Amt lebt, nach Erlaß der Bauerngesetze irgend eine verfassungsmäßige Form der Betheiligung des Volkes und namentlich der höheren Schichten, an der Regirung des Landes; die Gemäßigten mit Maßen; aber man hört Stimmen, die an den Convent erinnern, und den Standpunkt der Girondisten schon überwunden haben. Man spürt die Thätigkeit von Wühlern, welche kein Mittel vernachlässigen, um Mißstimmung gegen den Hof und das Kaiserliche Haus bis in die untersten Volksschichten zu verbreiten. Die nächste Umgebung des Kaisers ist leider nicht rein von Elementen, welche die übelsten Anhaltspunkte für dergleichen gewähren, und deren Handlungen, sowie die Verantwortung für den ganzen Augiasstall amtlicher Mißbräuche, künstlich dem Kaiser zugeschoben werden, dessen mildes Herz ohne Zweifel für manche ihm bekannte Personen zu nachsichtig ist, dessen ehrliches Streben nach Besserung der Dinge sonst aber selbst von denen anerkannt wird, die ihm aus der Erfolglosigkeit desselben einen Vorwurf machen. Den armen Leuten, selbst den gemeinen Soldaten wie man sagt, rechnet man die Geldausgaben des Hofes, die Bauten für die Großfürsten, die Häuserankäufe für die jüngsten Söhne des Kaisers, den Verbrauch bei Hofe vor, und vergleicht damit ihre Armuth. Leute in hohen Stellungen, durch Amt und Geburt, sprechen mir von Revolutionen als von Dingen, die wohl möglich wären, sie aber eigentlich wenig angingen, sondern nur den Kaiser beträfen, so daß es keinenfalls scheint, als ob sie in Vertheidigung des Throns ihr Leben einzusetzen gedächten. Nun hat man sich hier zwar jederzeit durch scharfen Tadel in der Conversation für die Unterwürfigkeit entschädigt, die man der amtlichen Gewalt im practischen Leben erweist; dabei war aber in früheren Zeiten der gesammte europäische Wind nicht so ungünstig für monarchische Autorität wie heut zu Tage, und wie besonders seit 4 Jahren in Rußland. Vielleicht geht das vorüber wie ein Wechselfieber, vielleicht aber reicht auch ein kleiner und zufälliger Funke hin, hier einen großen Brand anzuzünden. Von Offizieren hört man über Abnahme der Disciplin unter den Soldaten klagen, und den Krieg als nöthig bezeichnen, wenn nicht schlechter Geist einreißen soll. Bekanntlich sind es nicht gerade die besten Subjecte, die hier zum Militär abgegeben werden, sie sind schlecht bezahlt, hungern und betteln nicht selten, und wissen sehr genau, wie sie von höheren Offizieren und Beamten betrogen werden und von ihrer Armuth das gute Leben jener bezahlen. Für Wühlereien die zur Selbsthülfe auffordern ist da ein fruchtbares Feld. — Schlözer ist einige Wochen hindurch krank gewesen, und dadurch für mich die Arbeitslast recht erheblich; Croy denkt zwei Monat auszubleiben, und hoffe ich die Lücke die er läßt decken zu können, da Schlözer wieder im Gang ist. Das eigentliche Bedürfniß der hiesigen Gesandschaft wäre ein practisch und actenmäßig routinirter Regirungs-Assessor oder Jurist, der in seinem Fache gut französisch schreibt; ich weiß wohl einen sehr geeigneten, aber ich bekomme ihn doch nicht! In meinem Hause geht es Gott sei Dank wohl, trotz 15 Grad Kälte. Wir verbrennen täglich ein Wäldchen in den riesigen Oefen. Aus den Zeitungen sehe ich, daß auch Sie wieder ganz hergestellt sind und wünsche von Herzen Glück dazu. Unser junger Prinz ist noch hier; er hat sich gegen seinen Vetter Michael ganz offen über seine Abneigung gegen das Heirathsproject ausgesprochen, welches die Damen der Kaiserlichen Familie ihm nahe gerückt hatten.

Mit der aufrichtigsten Verehrung und Ergebenheit
der Ihrige
v. Bismarck.

44*).
Minister v. Schleinitz an Bismarck.
Berlin den 30. Novbr. 1860.

Verehrter Freund,

Der Feldjäger, den ich Ihnen heute schicke, bringt Alles zu Ihren Händen, was sich etwa in neuerer Zeit an interessantem und mittheilbarem Stoff hier angesammelt hat. Von großer Wichtigkeit ist es aber nicht. Die in Ihrem letzten politischen Berichte (durch General Hopfgarten überbracht) erwähnte Russische Mittheilung ist mir durch Budberg vorgestern gemacht worden, und ich habe mich sowohl aus deren Tenor als aus den mündlichen Aeußerungen des Gesandten überzeugt, daß es dem dortigen Cabinet erwünscht sein wird, wenn wir uns auch unserseits gegenwärtig über den Gegenstand der Warschauer Besprechungen mit dem französischen Hofe in direktes Einvernehmen setzen. Demgemäß wird Pourtalès**) alsbald mit entsprechender Instruction versehen werden, obgleich ich mir von diesen Pourparlers kein übermäßig glänzendes Resultat verspreche. Indessen muß man à l'acquit de conscience doch das Seinige thun, um es des lieben Friedens willen auch ferner nicht an den entsprechenden coups d'olivier dans l'eau fehlen zu lassen. Seit gestern ist hier im Publikum das Gerücht stark akkreditirt,

---

*) Anhang zu den Gedanken und Erinnerungen von Otto Fürst v. Bismarck Bd. II, S. 320.
**) Graf Albert Pourtalès, Preußischer Gesandter in Paris.

daß Oesterreich ernstlich damit umgehe, sich in der Rolle des Kaufmanns von Venedig zu versuchen, wäre das richtig, woran ich vorläufig mir zu zweifeln erlaube, so würden wir von dieser Seite vorläufig aller Nöthe überhoben sein. Daß es in Oesterreich trotz der Oktroyirung vom 20. Oktober schlimm aussieht, und comparatio vielleicht schlimmer als vorher, ist nicht zu verkennen, und ich habe das Gefühl, daß eine Catastrophe, wenn auch zunächst nur eine finanzielle, nicht mehr Monate, vielleicht kaum Wochen auf sich warten lassen wird. — Die liberalen Anwandlungen des Kaisers der Franzosen unterliegen mannigfacher Deutung, ich glaube, daß doch zunächst nur eine Stärkung gegen die in letzter Zeit nicht unbedeutend gewachsene katholische Bewegung bezweckt ist, für ganz unbedeutend halte ich die Zugeständnisse jedenfalls nicht und glaube, daß sie im Großen und Ganzen für eine friedlichere und weniger remuante Politik einige Chancen gewähren dürften. Gewährt man erst den Franzosen das Recht zu schwatzen, so ist mit Sicherheit anzunehmen, daß sie sich mit der Zeit in Freiheit und Opposition hineinräsonniren, und das kann gegen gewisse Tendenzen ein heilsames Gegengewicht abgeben. — In Warschau scheint man, nach den Aeußerungen Kisselews, den Regenten so verstanden zu haben, als habe S. Königliche Hoheit sich anheischig gemacht, die diplomatischen Beziehungen mit Sardinien abzubrechen, sobald die neuen Annexionen thatsächlich vollzogen sein würden. Dies ist indeß, wie ich des Prinzen Aeußerungen aufgefaßt habe, nicht der Fall, Allerhöchst Derselbe hat für diesen Fall nur eine neue Erwägung der Frage in Aussicht gestellt; und allerdings kann diese nicht ausbleiben, wenn, wie zu erwarten, wir demnächst, d. h. wahrscheinlich, nachdem der Ausspruch des italiänischen Parlaments erfolgt sein wird, offiziell von der Bildung des neuen Königreichs Italien in Kenntniß gesetzt werden. Ob man sich dann zur Abberufung entschließen wird, will ich dahin gestellt sein lassen, daß jetzt dazu kein geeigneter

Moment wäre, ist mir aber nicht zweifelhaft, obgleich Bayern (!?) jetzt mit dieser Maßregel vorgehen wird und uns dringend aufgefordert hat, uns diesem Beispiele anzuschließen. Budberg scheint mir übrigens auch nicht mehr sehr lebhaft für den diplomatischen Bruch zu plaidiren und im Stillen der Ansicht zu sein, daß wir im Grunde nicht übel gethan haben, seinem früheren Drängen nicht nachzugeben. Der für den Augenblick hier alles in den Hintergrund drängende topic ist die scandalöse Schwarck-Stieber'sche Angelegenheit. An die tendenziösen Enthüllungen knüpft sich ein ebenso tendenziöses Entrüstungs- und Wuth-Geheul, und wenn die Sache an sich, bei näherer Betrachtung auch zu ziemlich winzigen Proportionen zusammenschrumpft, so wird sie doch unfehlbar als Waffe in den Händen der Antagonisten Preußens besonders im übrigen Deutschland nur allzugute und willkommene Dienste leisten.

Mit aufrichtiger Freundschaft

Ihr

treu ergebener

Schleinitz.

45.

Bismarck an Minister v. Schleinitz.

Petersburg $\frac{10. \text{Dezember}}{28. \text{November}}$ 1860.

Ein vertraulicher Bericht des Grafen Brassier*) den ich mit der letzten Expedition erhielt, thut des Gerüchtes Erwähnung, daß zwischen den drei Kaiserhöfen sich ein Einverständniß vorbereite, um ohne Mitwirkung Preußens und Englands die Angelegenheiten Italiens in der Art zu ordnen, daß im Norden eine Restauration im Sinne Oestreichs, im Süden eine Dynastie

---

*) Graf Brassier, Preuß. Gesandter in Turin.

Murat hergestellt werde. Ich habe diesen Gegenstand gelegentlich und vertraulich im Gespräch mit dem Fürsten Gortschakow berührt. Er sagte, daß er nicht wisse, was zwischen Oestreich und Frankreich besprochen werde, daß aber der Kaiser sich auf eine Politik ohne, oder gar gegen uns, freiwillig niemals einlassen würde. Rußlands Programm in Italien sei bekannt, und, mit der freilich erheblichen Ausnahme der Dynastie Murat, mit dem obigen übereinstimmend; das Kaiserliche Cabinet habe sich bemüht, wenigstens die 4 Continentalmächte zu einer ähnlichen Auffassung zu vereinigen, und arbeite noch daran; an principiellen Ausschluß Preußens könne aber in einer Combination der Rußland angehöre, nicht gedacht werden. Er würde sich gefreut haben, wenn das oben erwähnte Gerücht einer Verständigung der Kaiserhöfe über irgend ein definitives Arrangement in Italien, wahr wäre, dann aber auch nicht verfehlt haben, mit Preußen über eine so günstige Errungenschaft in Verhandlung zu treten. Auf der Grundlage einer Dynastie Murat stehe aber kein Verständniß mit Rußland in Aussicht.

Er sprach demnächst von der Möglichkeit, daß Oestreich nach der Warschauer Zusammenkunft versucht habe, ob und wie weit sich in Paris Boden finden lasse zur Wiederanknüpfung der früheren westmächtlichen Beziehungen Oestreichs. Frankreich habe vor einiger Zeit den Plan zur Sprache gebracht, den Kaiser Franz Joseph zur Abtretung Venetiens gegen eine Entschädigung theils in Geld, theils in Gestalt der türkischen Hinterländer Dalmatiens, mit Ausschluß der Donaufürstenthümer, zu bewegen. Rußland habe es abgelehnt auf dergleichen einzugehen „weil die Bewohner jener türkischen Provinzen niemals treue Unterthanen Oestreichs werden würden". Wenn nun in diesen Tagen offiziöse Stimmen aus Oestreich eine directe Verständigung zwischen letzterem und Sardinien empföhlen, so könne damit eine Demonstration beabsichtigt sein, vermittelst welcher das Wiener Cabinet auf Teutschland und Rußland wirken wolle, es könne aber auch vielleicht mehr dahinter stecken. Daß Oestreich Venetien abgeben wolle, sei an sich nicht wahrscheinlich, und eine Entschädigung auf Kosten der Türkei werde von England schwerlich zugegeben werden; näher schon liege die Möglichkeit, daß Oestreich den Westmächten sage: Garantirt mir einstweilen Venetien, und macht mit dem übrigen Italien was Ihr wollt; daß Frankreich alsdann betreffs Neapels, vielleicht auch Etruriens, andre Pläne haben werde, als England, sei zweifellos, und hierin eben werde die Schwierigkeit liegen, auf solcher Basis eine Verständigung zwischen den Westmächten und Oestreich zu erzielen, falls letzteres überhaupt ernstlich daran arbeite. Jedenfalls scheine hienach auf dem Gebiete der Conjecturen ein separater Plan der Verbündeten vom 2. Dezember näher zu liegen, als ein solcher der drei Kaiserreiche.

Der Fürst sagte mir ferner bei dieser Gelegenheit, daß Grf. Kisselew*) gemeldet habe, daß in einer Unterredung die er mit dem Kaiser Napoleon gehabt habe, die Ansicht zu Tage getreten sei als hätten wir, Preußen, in Warschau eine besonders feindliche und coalitionistische Sprache geführt. Da Grf. Kisselew die Falschheit dieser Nachricht nicht entschieden genug hervorgehoben habe, so sei er von hier aus angewiesen worden, jenes Gespräch wieder aufzunehmen und auf das Bestimmteste zu erklären, daß solche Angaben vollständig aus der Luft gegriffen seien, und entweder auf Mißverständnissen oder auf der berechneten Absicht beruhten, Preußen und Frankreich gegen einander in Spannung zu erhalten.

Daß sich in Italien zwischen den sardinischen und französischen Truppen, überall wo sie in Berührung kommen, eine steigende Gereiztheit fühlbar macht, wird durch hier eingehende

---

*) Graf Kisselew, Russischer Botschafter in Paris.

russische Nachrichten, und auch durch Äußerungen des französischen Botschafters bestätigt.

Eine Rede welche Fürst Cusa*) gehalten hat, macht hier im Ministerium neues Aufsehen und vermehrt die Entrüstung über das dreiste Treiben der dortigen Regirung. Gortschakow sagt darüber: Couza se pose en Romulus des Roumains, et il parle le style des bulletins du premier Napoléon; il faut que Cavour ait bien soufflé dans cette vessie pour l'enfler à ce point: ces gens là oublient tout-à-fait ce qu'ils sont et d'où il sortent u. s. w.

In Betreff der französischen Antwort auf unsre Beleuchtung der Warschauer Vorschläge füge ich meinem heutigen Telegramm nichts hinzu, da die Piece selbst durch einen Courier heut an Budberg zur Mittheilung an Ew. Excellenz geht. Der Schreibfehler actuels à posséder statt actuellement dépossédés soll hier in Montebello's Kanzlei beim Dechiffriren entstanden sein.

Mit der ausgezeichnetsten Hochachtung verharre ich
Ew. Excellenz
ergebenster
v. Bismarck.

46.

Bismarck an Minister v. Schleinitz.

Petersburg 10. Dezember 1860.

Verehrtester Freund und Gönner

Den verschiedenen amtlichen und halbamtlichen Schreiben füge ich nur wenige Worte des Dankes für Ihren mit dem Feldjäger erhaltenen Privatbrief hinzu. Ich befleißige mich in allen dienstlichen Leistungen, Ihnen gegenüber und hier, möglichster

---

*) Fürst Couza, Fürst der Moldau und Walachei.

Objectivität und Correctheit im Sinne unsrer anerkannten Politik; in diesen privaten Zeilen kann ich nicht umhin einzugestehn, was Ihnen ja nicht neu ist, daß meine Auffassungen tant soit peu, von den allerhöchster Seits gebilligten abweichen, und zwar nicht nach der Kreuzzeitungs=, sondern wunderlicher Weise nach der italiänischen Seite hin. Ich würde, wenn wir dadurch nicht etwa in eine Art Spannung mit Rußland gerathen, was allerdings eine andre Frage ist, weder für Aberufung unsrer Gesandschaft aus Turin, noch gegen die Zulassung Sardiniens in Constantinopel votiren, sondern Sardinien, ohne Ostentation principieller Betheiligung an seiner Eroberungspolitik, doch überall ein freundlicheres Gesicht machen als wir bisher ihm zeigen. In Betreff der inneren Preußischen Politik bin ich, nicht blos aus Gewohnheit, sondern aus Überzeugung und aus Utilitäts=Gründen so conservativ, als mir mein Landes= und Lehnsherr irgend gestattet, und gehe grundsätzlich bis in die Vendée, quand même, d. h. auch für einen König dessen Politik mir nicht gefiele; aber nur für meinen König. In Betreff der Zustände aller andern Länder aber erkenne ich keine Art principieller Verbindlichkeit für die Politik eines Preußen an; ich betrachte sie lediglich nach Maßgabe ihrer Nützlichkeit für Preußische Zwecke. Nach meiner Ansicht beschränkt sich die Pflicht eines Preußischen Monarchen Rechtsschutz zu üben, auf die ihm von Gott gezogenen Gränzen des Preußischen Reiches; die auswärtige Politik ist nur Mittel, der Preußischen Krone die Kraft, den eigenen Unterthanen Rechtsschutz gewähren zu können, zu erhalten, zu sichern, zu vermehren, und ich halte dafür, daß wir uns bei Umwälzungen im Auslande nicht zu fragen haben, was in der Sache nach neapolitanischem, französischem, östreichischem Rechte Rechtens sei, sondern daß wir unsre Parteinahme danach einrichten, welche Gestaltung des Auslandes die günstigste sei für die Machtstellung und Sicherheit der Krone Preußen. Das Schwert unsrer Gerechtigkeit kann nicht über die ganze Welt reichen; wenn es in fernen Ländern wirken soll, so schwächt sich seine Wirkung zu Hause. Die Theilnahme für die Durchführung an sich unzweifelhafter Thronrechte ausländischer Fürsten kann uns weder nützen noch stützen; wir stehn auf der eigenen Kraft und fallen mit ihr; daß wir auf legitimen Grundlagen stehn ist sehr erfreulich, hat aber an sich allein keine Tragfähigkeit. Wenn es uns gelingt ein erfolgreiches Interesse an dem Geschicke italiänischer Fürsten zu bethätigen, so werden wir die Satisfaction haben, die Zahl der im Strom der Geschichte untergegangenen Dynastieen für jetzt vor einem neuen Zuwachs bewahrt zu haben; für die Consolidirung der analogen Preußischen Interessen ist damit aber nichts gewonnen, vielleicht sogar eine kleine Einbuße an Sympathie der eigenen Unterthanen für die Regirung zu Buch zu bringen. Geht es uns aber wie Cato, daß es victa causa bleibt, die uns gefiel, so haben wir Schaden nach mehreren Seiten hin. Ob die Präcedenzfälle in denen Dynastieen ihren Thron verloren, um einige vermehrt werden oder nicht, das hat auf Festigkeit der Fundamente auf denen die Preußische beruht, nicht den mindesten Einfluß. Wer uns mit dem Argument käme: Ihr habt für die Lothringer und Bourbonen in Italien weder gefochten noch geredet, also dürft Ihr auch nicht für Euer eigenes Recht streiten, dem werden wir thatsächlich beweisen, daß er sich irrt, indem wir auf ihn Feuer geben. Unser Königshaus und unser Staat wurzeln in dem Boden eines treuen Volkes und eines guten Heeres, und weder die Treue des einen, noch die Güte des andern hat etwas mit der Frage zu thun, ob wir in Italien für die legitimistische Doctrin eingetreten sind oder nicht. Ich kann mich in der Prämisse irren, daß es für Preußen heilsam sei, wenn sich im Süden zwischen Frankreich und Oestreich ein kräftiger italiänischer Staat bildet; aber ich bin von der Wahrheit derselben durchdrungen, und glaube daß, ebenso wie eine solche Schöpfung die Sicherheit Preußens nach außen fördert, daneben die Gunst welche wir derselben zuwendeten, einen im Großen und Ganzen wohlthuenden Eindruck innerhalb Preußens und Deutschlands machen, die Übereinstimmung zwischen Regirung und Unterthanen kräftigen würde. Sie sehn, wie weit meine italiänische Politik von der der Kreuzzeitung entfernt ist, und ich hoffe daß Sie diese meine Parthei-Felonie nicht verrathen, und mir die freimüthige Darlegung meiner Meinung in diesem schriftlichen Privatgespräch nicht verargen. Ich stehe übrigens unter unsren Junkern mit meiner Auffassung keineswegs vereinzelt; im Gegentheil, die bedeutenderen Capacitäten unter ihnen sind meiner Meinung, mit Ausnahme der „Gelehrten" der Kreuzzeitung, welche wie mein Onkel Kleist-Retzow, die Gerlachs und Andere, von dogmatischen Grundlagen aus zu politischen Consequenzen gelangen, welche ich für Fehlschlüsse halte. Sie dehnen die Pflichten des Preußischen Königsscepters in unnatürlicher Weise auf den Schutz jedweder Carlistischen Politik in Europa aus, und kommen damit practisch zu dem Ergebniß, daß sie bessere Oestreicher als Preußen werden, daß sie der Krone Neapel wirksamer dienen als der eignen. Doctrinärs gerathen in jeder Richtung auf Abwege, und diese vergessen von Cromvells gutem Spruch: „Betet, but keep your powder dry", die zweite wichtige Hälfte.

Gortschakow gab mir indirect zu verstehn, daß von Wien her in Paris Insinuationen über unsre in Warschau zu Tage getretene Feindseligkeit gegen Frankreich gemacht seien und tadelte Kisselew, daß er in seiner altersschwachen Unklarheit diesen Irrthum mehr gefördert als zerstört habe. Die Velleitäten Oestreichs, eine westmächtliche Anlehnung zu nehmen, sind in bestem Style Schwarzenberg-Buol'scher Tradition; aber Frankreich stellt sich schwerlich neben die Scheibe, nach der alle Geschütze der europäischen Nationalitäts- und Liberalitäts-

Bestrebungen gerichtet sind, neben das Wiener Cabinet, und zu einer entente à trois, mit England, ist kein Boden in der Gegenwart, wenigstens nicht in Italien. — In der Schwark=Stieber'schen Sache finde ich daß die Regirungs=Presse den Dingen zu große Wichtigkeit gegeben hat; daß einzelne Beamte wegen Ausschreitungen im Amt oder tactloser Haltung zur Disposition gestellt werden ist an sich eine so einfache Sache wie daß Blätter fallen und andre an ihrer Stelle wachsen; daß die Presse in Zeiten wo andrer Stoff mangelt, aus solchen Dingen ein großes Strohfeuer anbläst, ist nicht zu verwundern; aber von der offiziösen hätte ich weniger Pathos und vornehmere Ruhe gewünscht. So eben kommt hier telegraphisch die Nachricht von der Auflösung der Stände in Kassel an; das giebt Wasser auf unsre Kammermühle; meines unvorgreiflichen Erachtens können wir die Leute nicht im Stich lassen, le vin est tiré, il faut le boire; mit dem Kurfürsten zu gehen, wäre, auch ohne die Antecedenzien unsrer Politik in dieser Frage, ein dornenvoller Weg für Preußen. Nehmen Sie diese meine Expectoration, die ich im Moment der Abfahrt der jungen Prinzen eilig der Feder entfließen lasse, mit gewohntem Wohlwollen auf; mit der aufrichtigsten Ergebenheit der Ihrige

v. Bismarck.

47.
Bismarck an Minister v. Schleinitz.

Petersburg 21. Dezember 1860.

Verehrtester Freund und Gönner

Schon aus dem kleinen Format zu dem ich greife sehn Sie, daß ich arm an Neuigkeiten bin; auch der beisolgende Bericht bringt nichts von Erheblichkeit, und ich würde den Feldjäger kaum mit dieser Expedition geschickt haben, wenn ich nicht hoffte, daß seine Rückkehr nach Gumbinnen für Sendungen hieher erwünscht sein wird. Gortschakow sagt mir, daß eine Mittheilung von Ihnen in Betreff der Warschauer Propositionen in Aussicht stände. Dieselben scheinen schließlich im Sande verlaufen zu sollen, und lassen sich auch ohne Oestreich nicht verwirklichen.

Ich weiß nicht ob Croy sich einer wichtigen Mission mit der ich ihn in Caviar-Angelegenheiten betraut hatte, bei Ihnen mit mehr Umsicht als bei Hofe entledigt hat. Pückler*) schreibt mir, daß ihm das für die Allerhöchste Tafel bestimmte Fäßchen gar nicht zu Händen gekommen ist, sondern nur ein Begleitschreiben, und daß er daher die von mir gestellten Fragen, ob das ungesalzene Product sich gehalten habe, ob ich mehr schicken solle und ob man auf anderem Wege so viel bezieht als man überhaupt haben wolle, nicht hat beantworten können. Einige Tage Thauwetter reichen hin, um den Caviar wie er hier vorkommt, ungenießbar zu machen, er läuft aus und wird sade und säuerlich.

Da ich diese Frage nicht zum Gegenstande eines Immediat-Berichts machen kann und doch wissen möchte ob es sich lohnt, weitere Sendungen zu machen, ich auch nicht weiß ob Croy bei Ihnen das betreffende Tönnchen abgeliefert hat, so erlaube ich mir hier wieder ein kleines échantillon beizufügen, obschon ich fürchte, daß es diesmal leichter verderben wird, da das Wetter gelinder geworden ist, 4—5° Frost hier.

Ich habe mit Neid an Ihre Thaten in Letzlingen gedacht; soviel ist auf keiner früheren Jagd geschossen worden. Dafür fahre ich aber morgen nach den Ufern des Ladoga, 50 Werst von hier, wo nicht weniger als 4 Bären und 2 Rudel Elenthiere eingekreist sind. Ich will mir die Jagd nicht durch voreilige Vermuthungen über den Erfolg verderben, und hoffe

---

*) Graf Pückler, Oberhofmarschall in Berlin.

daß mich Petz nicht beißen wird. Bis jetzt habe ich nur einigen Wolfsjagden beigewohnt ohne zu Schuß zu kommen.

Von auswärtiger Politik ist hier kaum noch bei Gortschakow die Rede. Die Bauernfrage absorbirt alles Interesse. Die Stimmung des Adels verbittert sich mehr und mehr; der Kaiser soll bei den Berathungen den Ansichten einer liberalen Minorität zuneigen, an deren Spitze Tscheskin, der Eisenbahnminister, steht. Ich bin durch Meyendorf und Nesselrode mehrmals qua Sachverständiger ausführlich über den Gang der Operation in Preußen und über unsre jetzigen ländlichen Zustände vernommen worden. Ebenso in Betreff der Brennsteuer, welche an Stelle des jetzigen Branntwein-Monopols treten soll, und mit deren Einrichtung bei uns ich als langjähriger Brennereibesitzer allerdings genau bekannt bin. Der bisherige Pachtertrag wird durch keine Art Besteuerung aufzubringen sein, da jetzt ein Wedro, etwa ³/₄ R. S. an Werth in der Brennerei, zu 8 bis 10 R. S. in letzter Hand verkauft wird.

Die Kammern werden vor Mitte Februar wohl nicht zu practischen Verhandlungen kommen; bis dahin wird das Schwark-Fieber wohl etwas nachgelassen haben, und ein neuer Anfall des kurhessischen ist eigentlich erst nach 5 Monaten zu erwarten. Mit aufrichtiger Verehrung und Ergebenheit

der Ihrige

v. Bismarck.

48*).
Minister v. Schleinitz an Bismarck.

Berlin 25. Dezember 1860.

Verehrter Freund

Ich höre so eben, daß Ihr Feldjäger in Gumbinnen angelangt ist und habe beschlossen, ihn sogleich nach Petersburg

---

*) Anhang zu den Gedanken und Erinnerungen von Otto Fürst v. Bismarck II, S. 323.

zurückkehren zu lassen, um einige auf sichre Beförderung harrende Piècen Ihnen nicht länger vorzuenthalten. Es bezieht sich dies insbesondre auf die Schriftstücke, welche die Warschauer Besprechungen und die vier Punkte zum Gegenstand haben. In der Antwort auf die Thouvenelsche Depesche an Montebello beschränken wir uns darauf Akt zu nehmen von dem, was sie Acceptables enthält, d. h. von der Zusicherung, daß militärische Maßregeln zum Schutze deutschen Gebiets und auf deutschem Gebiete von Frankreich nicht als eine Verletzung der Neutralität in dem eventuellen Oesterreichisch-Italiänischen Kriege werden betrachtet werden. Daß wir indessen durch diese Akt-Nahme der Haltung Deutschlands für den Fall eines solchen Krieges nicht präjudiziren wollen und können, habe ich gleichzeitig anzudeuten für nöthig gefunden. Die Haltung Deutschlands wird aber meiner Ansicht nach wesentlich nur davon abhängen, was es ohne Ueberschätzung seiner Kräfte thun kann, um Venetien bei Oesterreich zu erhalten, denn daß Deutschland bei der Erhaltung dieses Oesterreichisch-Italiänischen Besitzthums nicht blos aus Gründen militärischer Sicherheit sondern auch wegen der unausbleiblichen Folgen der Lostrennung wesentlich betheiligt ist, darüber bin ich immer weniger zweifelhaft. Die strategischen Vortheile des berühmten Festungsvierecks sind im Interesse Deutschlands nach dem Urtheil aller Sachverständigen durch keine andre Combination auch nur annähernd zu ersetzen. Außerdem ist nicht abzusehen, weshalb die italiänische Nationalitätsbewegung die Oesterreichische Grenze ungestraft überschreiten und die deutschen respektiren sollte, da diese Landestheile an sich schließlich eben so entschieden Italiänisch sind als Venetien nur irgend sein kann. Daß gegen solche Ueberschreitung durch Verträge, Garantien und wie sonst dergleichen papierne Bürgschaften heißen mögen, keine irgend wie beruhigende Gewähr geleistet werden kann, das sollte nach allem, was sich unter unseren Augen zuträgt und nach den heillosen

Principien, zu denen selbst Großmächte sich ungescheut bekennen, wohl jedermann einleuchten. Endlich aber, und das ist die Hauptsache, handelt es sich um eine revolutionäre Bewegung, die unter der Devise der Nationalität lediglich für die Firma des kaiserlichen Frankreichs operirt und die es sich zur Aufgabe gestellt hat, alle Deutschland feindlichen Völker und Völkerchen in Aufruhr zu bringen, um alsdann, wenn dies Unternehmen gelungen sein, wenn uns nach Osten hin vom Adriatischen bis zum Baltischen Meere ein Gürtel trennender und hostiler Elemente umgeben wird, am Rheine ganz gemächlich im Trüben zu fischen. Durch die Lostrennung von Venetien wird die Revolution nicht geschlossen werden, sondern einen neuen und gefährlichen Durchbruch erhalten. Das sollte sich vor allen Dingen auch Rußland gesagt sein lassen. Ihre günstigen Erwartungen von dem künftigen einheitlichen Königreich Italien vermag ich nicht zu theilen. Ich will zugeben, daß es unter Umständen wohl einmal unser Alliirter wird sein können, glaube aber, daß wir es viel constanter in den Reihen unsrer Gegner, namentlich im Gefolge Frankreichs als unter der Zahl unserer Freunde erblicken werden. Dazu kommt, daß es uns wirklich als Verbündeter, und zwar nach keiner Seite hin, beim besten Willen erhebliche Dienste nicht würde leisten können, während es als Gegner im Verein mit Andern sehr unbequem, ja sogar gefährlich werden kann. Wir können deshalb unmöglich, wie es England wünscht, im Sinne des Verkaufs von Venetien auf Oestreich drücken oder ihm auch nur eine Proposition machen, die wenn sie uns gemacht würde, uns veranlassen müßte, den Proponenten aus der Thür zu werfen. Daß Preußen keinen Beruf hat, außerhalb des eignen Landes den Champion und resp. den Don Quixote der Legitimität zu machen, darüber bin ich mit Ihnen ganz einverstanden. Das hindert aber nicht, daß wir der Revolution da, wo sie unser Macht- und unser Interessen-Gebiet überschreitet, doch mit allen Mitteln entgegentreten sollten. Ob und wie weit wir dies in Italien thun werden, ist wie gesagt, weniger eine politische als eine militärische Frage, und das Unglück der Situation ist, daß bei dem dermaligen Zustande Oestreichs kein Mensch zu sagen im Stande ist, ob überhaupt und in welchem Grade auf diese Macht bei einem allgemeinen tohu bohu noch zu rechnen ist.

Die uns gestern durch Ihre Vermittelung zugegangene Nachricht von dem Tode Minutoli's*) ist mir, da er jedenfalls ein Opfer seines Diensteifers, wenn auch eines übertriebenen geworden, sehr schmerzlich. Für seine zahlreiche Familie und seine alte 82jährige Mutter ist es ein schwerer Schlag.

Verzeihen Sie, verehrter Freund, die Flüchtigkeit und Mangelhaftigkeit der gegenwärtigen Zeilen, denen ich nur noch die besten Wünsche für Ihr Wohlergehen, auch in dem bevorstehenden neuen Jahre, und in der gegenwärtigen, für Sie wahrscheinlich weniger als für Ihre Kinder erfreulichen Weihnachtszeit hinzufügen will.

Mit aufrichtiger Freundschaft

Ihr

treu ergebener

Schleinitz.

Dem schönsten Danke für die durch Prinz Croy überbrachte Caviar=Sendung sehe ich mich im Hinblick auf Schwarck=Stieber veranlaßt die Verwahrung anzuschließen, daß Wiederholungen solcher Wohlthat nur unter Beifügung der betreffenden Factura, deren Betrag in der nächsten Liquidation aufzunehmen und von mir einzuziehen wäre, auf ein aufrichtiges, durch Gewissensbisse nicht getrübtes Eljen meines Magens würden zu rechnen haben.

---

*) Freiherr Julius v. Minutoli, Preußischer Gesandter in Teheran.

49.
Bismarck an Minister v. Schleinitz.

Petersburg 2. Januar 1861.

Verehrtester Freund und Gönner

Meine Expedition kommt mir soeben von Loën zurück, weil er noch nicht weiß, ob er mitfahren wird, und der Extrazug des Großfürsten um zwei Stunden verschoben ist; ich benutze die eine die mir bleibt, um wenige Zeilen beizufügen.

Der Tod des Königs war eine lange vorhergesehene Erlösung von seinen Leiden, und doch kostet es Ueberwindung, sich mit den Gedanken vertraut zu sehn, daß die Stelle nun für immer leer ist, die dieses hohe Haupt so lange ich lebe in meinen Vorstellungen ausfüllte. Der Kaiser war sehr ergriffen, gerührt wie er es leicht ist, und wenn ich von seinen in dieser Stimmung gesprochenen Worten diplomatisch Act nehmen könnte, so würden sie sich dahin übersetzen: Sobald England zu einer Coalition gegen Frankreich bereit ist, bin ich es auch, schafft Euch England an, und Ihr habt mich auch. Daß Gortschakow auf meine, als Fühler hingeworfenen Andeutungen, als besorge ich daß wir uns ohne Rückhalt England in die Arme werfen würden, wenn wir bei Rußland nicht festeren Ankergrund fänden als bisher, daß er, der uns noch in Warschau unsre Hinneigung zu England vorwarf, jetzt mit Vorliebe den Gedanken ergreift, ein preußisch=englisches Bündniß zu schaffen, und auf Grund eines von mir nur aus rhetorischem Standpunkt in Scene gesetzten Situationsbildes, dem Kaiser Vortrag hält, und auf mich einwirkt, damit ich den Gedanken in Berlin befürworte, beweist mir, daß er mehr damit beabsichtigt, als blos einen anscheinenden dépit über seine Intimität mit Montebello bei mir zu beschwichtigen. Er persönlich will nur, daß wir Frankreich die Anlehnung an England nehmen, und ihm das Feld in Paris frei machen. Er schilt dabei, gleich dem Kaiser heftig über Napoleon; der Kaiser nimmt es damit auch ehrlich; er sprach mir von der „impudence" mit welcher Napoleon die polnische Verschwörung ihm à la barbe entwickle, und dabei nicht aufhöre heuchlerische Betheurungen zu machen. Wenn der Kaiser einmal durchfühlt daß Gortschakow ihn geschickt und unvermerkt, unter stets neuen Vorwänden, von des Kaisers eigenen Zielen abzulenken weiß, so wird er bis zum Eigensinn selbstständig dagegen werden; aber Gortschakow weiß die Gerichte die er mit Montebello kocht, immer wieder mit einer neuen Sauce zu bedecken, die dem Kaiser mundet, und bisher hält er das Steuer selbständig in der Hand, und das kaiserliche Schiff folgt seinem Druck.

Die Botschafterernennung zwischen hier und Wien ist wieder aufgegeben; es bleibt beim Alten; sonst war uns Stackelberg schon bestimmt, und Budberg nach Wien; geht Kisseleff ab, so bekommen wir doch wohl Stackelberg; ich halte mehr auf ihn als auf Balabine, er kommt mir ruhiger, leichter zu leben, vor. Balabine hat etwas Cassantes, ein Bedürfniß scharfe Sarcasmen zu formuliren, gescheut, aber wie mir scheint eitler und verletzlicher als Stackelberg; letzterer spricht gut deutsch, der andere fast gar nicht; eine Eigenschaft die freilich zwei Seiten hat. Stackelberg fürchtet in Berlin den Dualismus mit dem Militärbevollmächtigten. Die Einrichtung hat ihr Aergerliches für den Gesandten, auch mit so vortrefflichen Leuten wie Loën und Adlerberg sind, denn sie beschränkt den Verkehr des Gesandten mit dem Souverän bei dem er accreditirt ist, in empfindlicher Weise, weil alle persönlichen Beziehungen durch den Militär gehn, der wiederum nicht in Stande ist, sie politisch so nutzbar zu machen wie sie sein könnten. Ich würde den Kaiser viel öfter sehn, wenn der militärische College nicht wäre, und kann nicht vermeiden, daß er am Hof überall die Berührungen von mir ablenkt, und auch Gortschakow nach Belieben mit ihm ohne mich verkehrt. Dabei ist Loën nicht im Mindesten präpotent; mit jemand wie Münster hier, müßte ich das Geschäft schließen. Der militärische Theil der Aufgabe des Militärbevollmächtigten liefert wohl practisch wenig Ergebnisse.

Der gute Bertolotti wurde vor einigen Stunden plötzlich bei einem Leichenbegängnisse vom Schlage gerührt, und war gleich todt. Als Dolmetscher kann ihn Schiller ersetzen; aber ein anderer Cancellist ist ein dringendes Bedürfniß, sonst können wir die Arbeit nicht bewältigen.

Ich muß schließen. In aufrichtiger Verehrung
der Ihrige
v. Bismarck.

50.

Bismarck an Minister v. Schleinitz.

Petersburg 30/18 Januar 1861.

Verehrtester Freund und Gönner
um Ihre parlamentarische Ausrüstung für die bevorstehenden Adreßdebatten zu vervollständigen, erlaube ich mir dem Feldjäger ein Fäßchen mit Caviar und ein Dutzend Haselhühner mitzugeben. Erstern habe ich ein klein wenig gesalzen genommen, da bei dem Thauwetter welches die Zeitungen aus Deutschland melden, der ganz ungesalzene sauer ankommen könnte; außerdem gestehe ich, daß ich ihn etwas zu nüchtern im Geschmack finde. Da seine Haltbarkeit demgemäß sicher gestellt ist, so werden 10 ₰ keine Überschätzung des ministeriellen Bedarfs sein. Ihrem ausdrücklichen Befehl gemäß trage ich an Saldo vor 17 R 50 K. für Caviar und 2 R 40 fürs Paar Vögel, und bitte dennach mich für 19 R 90 geneigtest zu „erkennen". In Betreff der Räptschiks (gélinottes), welche uns die weiten Wälder vom Ladoga bis zum Ob in unglaub-

lichen Mengen zusenden, darf ich mich als wohlfeilen Lieferanten empfehlen, Stück für Stück 6 sgr (22½ K).

Bedrohlich sieht es überall aus in der Welt, und wenn man hier erlebt, daß Edelleute von anscheinend ruhigem und friedliebendem Temperament, ganze Ladungen von Revolvern und Munition aufkaufen, um sich auf den Sommer zu rüsten, so weiß ich nicht ob man nicht besser als Christenhund in Damascus aufgehoben wäre wie als Gentleman im Lande des Kaisers Nikolaus. Die Aussichten der Deutschen in Nord=schleswig sind jedenfalls weniger unbehaglich, als die des rus=sischen Landjunkers, der gleich einer lebendigen Höllenmaschine mit Revolvern ausgestopft unter seinen Bauern lustwandelt.

Der Kaiser ist gedrückt von dem Ernst der Situation im Innern, und hat für auswärtige Politik nicht dasselbe Inter=esse wie sonst. Gestern sagte er mir mit tiefem Seufzen, daß die Mittwoche seine einzigen glücklichen Tage seien, weil die Geschäfte ihm dann 24 Stunden Ruhe ließen. Er fährt nem=lich jeden Dienstag Abend zur Jagd. Auch bei meiner neu=lichen Audienz war er niedergeschlagen; er schenkte mir seine und der seligen Kaiserin Photographie, und knüpfte daran eine Besprechung der Originale aller im Zimmer hängenden Fami=lien=Portraits, nur den Kaiser Paul überging er sorgfältig, ob=schon sein Blick lange und nachdenklich an dessen Bild haftete. Wenn Redensarten tödlich wären, so lebte in der That vom ganzen Hause Holstein=Gottorp keine männliche Seele mehr: dem edlen Herzen des Kaisers läßt jeder Gerechtigkeit wider=fahren, die „aber" die dann jedoch folgen, sind von der Art daß ich in den Fall komme, fortzugehn oder um eine Aende=rung des Gesprächs zu bitten. Sehr übel ist es daß der Kaiser für alle die weitverzweigten und vielfachen Mißbräuche ver=antwortlich gemacht wird, die mit dem Namen Minna Iwa=nowna, zu deutsch Frau von Burghof, Freundin des alten Adlerberg, zusammenhängen. Wenn diese Dinge einmal Gegen=

stand Richter-Cynatten'scher Prozesse würden, so könnten einige
Dutzend „Schwärke" auf Lebenszeit genußreiche Beschäftigung im
Enthüllen und Erregen sittlicher Entrüstung finden. Daß Garde-
Offiziere in Gegenwart Fremder die Frage discutiren würden,
ob sie auf das „Volk" schießen werden oder nicht, hat der
Kaiser Nikolaus gewiß auch nicht so schnell erwartet. Wenn
in Pariser Salons die Hälfte von der Redefreiheit geübt
würde wie hier, so würden die Vorlauten sehr bald die Bekanntschaft wärmerer Klimate machen. Man hat hier eine zu
gute Polizei von alters her, als daß der Kaiser nicht viel von
allen diesen Dingen erfahren sollte, und der practische Chef
dieses Instituts, Timascheff, sieht allerdings sehr schwarz in
Betreff der nächsten Zukunft; aber wie weich der Kaiser diesen
Sachen gegenübersteht, zeigt der Umstand, daß er darauf eingeht Napoleon bei guter Laune erhalten zu wollen, damit er
die Gefälligkeit habe den Deckel auf seiner Pandora-Büchse festzuhalten. Solche Politik ist eine Art Barbaresken-Tribut den
Rußland an Napoleon und das palais royal zahlt.

Unter den Sachen der II Abtheilung erlaube ich mir Ihrer
Aufmerksamkeit, wenn Sie Zeit haben, den casus Brekow zu
empfehlen, eines unschuldig bestraften Preußen; er wirft ein
sonderbares Licht auf die inneren Zustände und schließlich auf
den Eindruck, den die Aussicht auf eine Vincke'sche Interpella-
tion auch auf einen russischen Staatsmann machen kann. Ueber
unsre innere Situation sehe ich von hier aus nicht klar genug
um ein Urtheil zu wagen. Für die deutschen Sachen geht so
viel aus den Zeitungen hervor, daß die Abneigung gegen den
Bund in der liberal-nationalen Parthei nachgerade stärker ist,
als die Begeisterung für Schleswig-Holstein. Ich kenne den
Bund zu genau, um mir diese Erscheinung nicht erklären zu
können. Zu dem was meine anliegenden Berichte über die
dänische Frage sagen, habe ich nichts hinzuzufügen, als daß
ich die Frage, ob nicht mittelstaatliche Truppen zur Exe-

cution zu verwenden sind, geneigter Erwägung empfehle. In der syrischen Räumungs-Angelegenheit hat m. E. Napoleon ein so günstiges Terrain gewählt, um Festigkeit gegen England zu zeigen, daß es schwer sein wird, nicht seiner Meinung zu sein. Montebello spricht als ob er der Nachgiebigkeit Englands ganz sicher wäre; ist das der Fall, so würde es sich für uns um so mehr empfehlen, von Hause aus bestimmt für die Fortdauer der Occupation einzutreten. Wenn wirklich nach eventuellem Abzug der Franzosen neue Metzeleien vorfielen, und man wird sie herbeiführen, wenn sie sich nicht von selbst machen, so ist der Scandal, namentlich auch bei uns in der öffentlichen Meinung, zu groß als daß man nicht wünschen sollte sich gegen jede Verantwortlichkeit sicher gestellt zu haben.

Lindheim*) ist so oft schon hier gewesen, daß er den Unterschied der früheren und der heutigen Intimität beider Höfe am Besten zu würdigen vermag. Früher Entgegensendung von Flügeladjutanten, Kaiserliche Wagen, Kaiserliches Quartier und keine Rede von Förmlichkeiten zur Einleitung der Audienz. Diesmal hat Adlerberg auf Lindheims erste Meldung alles an das auswärtige Ministerium verwiesen. Ich hatte, dies voraussehend, Lindheim gerathen, sich bei Adlerberg, bevor ich an Gortschakow schrieb, auf eine Visite, ohne Antrag, zu beschränken, und zu sehn, wie weit sich dadurch das frühere System der Familienbeziehungen beider allerhöchsten Häuser, ohne diplomatische Beimischung, festhalten ließe. Ich fürchte mein alter Gönner L. ist aber weiter gegangen, sonst hätte ihm Adlerberg keinen schriftlichen Korb geben können. Trotz alledem hat der Kaiser persönlich die alte Tradition festgehalten, die ministerielle Schranke durchbrochen und auf Grund des Gensdarmerie-Rapports (Timascheff) über Lindheims Ankunft letzteren sofort zu sich befohlen, ehe Gortschakow durch seinen Au-

---

*) General von Lindheim, Preuß. General-Adjutant, commandirender General des 6. Armee-Corps in Breslau.

trag auf Audienz die Sache in amtliche Wege bringen konnte. Lindheim ist allerdings persona gratissima, und durch würdige Manier und alte Hof-Erfahrung ganz zu solchen Missionen geeignet. Der junge Rauch*) ist von der Gattung Offiziere, die ich immer als künftige Reserve der Diplomatie betrachte: der ruhige Verstand seines Vaters und gute, sichere Manieren. Über das Nähere seiner Eindrücke hat Lindheim selbst berichtet.

Zu dem anliegenden Uniform-Frack-Gesuch veranlaßt mich speciell der Umstand, daß mich gestern wiederum Kaiser und Kaiserin bei Tafel laut über meine Uniform zur Rede stellten. Auf meine Ausrede daß ich den Dienstfrack nicht zu tragen berechtigt sei, und neben Lindheim nicht habe in Civil erscheinen wollen, sagte der Kaiser: „Kommen Sie doch lieber im Kürassierkoller in Fällen wo der schwarze Frack nicht ausreicht, als in dem gestickten Rock," wie er meine kleine Uniform zu nennen beliebte. Demnächst wurde viel von der Last der Etiquette gesprochen, und von der Mühe welche die Großfürstin Olga gehabt hätte, den Stuttgarter Hof zu „civilisiren".

Wenn unser Budget zur Berathung kommt, so liefere ich Ihnen als Material noch folgende Data: jetzt ist der halbe hiesige Winter vorbei, und ich habe für 900 Rubel Holz und Kohlen verbrannt. Der Bedarf an Brennöl stieg im November und Dezember auf 100 R. monatlich, und übersteigt in diesem noch 80. Nach Abzug aller neuen Anschaffungen und Einrichtungskosten stellt sich meine Ausgabe vom 1. Juli bis ult. Dezember auf 19 800 Th., und außerdem daß die Trauer Einschränkungen motivirt, habe ich zum ersten Mal in meinem Leben die Existenz eines Geizhalses geführt. Ich kann danach nicht anders als im nächsten Jahr mit Wohnung und Haushalt in die zweite Klasse hinabzusteigen, während sämmtliche andere Großmächte, einschließlich Spanien und das bankerotte Oestreich, durch Botschafter vertreten sein werden.

---
*) von Rauch, Rittmeister im 11. Ulanen-Rgt.

Seit 6 Wochen haben wir gelernt 15 Grad Frost als milde Witterung anzusehn; nur am 7/19 Januar waren 5, und erwartete jedermann Thauwetter; sonst seit Weihnachten stets 18 bis 28 Grad, bei Wind ganz unerträglich. Die Jagd ruht deßhalb für mich, und habe ich es noch nicht über Einen, glücklich erlegten, Bären gebracht.

Croy hat um Nachurlaub bis Anfang März gebeten; ich habe nichts dawider, zumal im Winter der Sachen II. Abtheilung weniger sind. Man sagt mir daß dieses Gesuch mit seiner Verheirathung zusammenhänge.

Mit meiner Gesundheit geht es gut, nur mangelt mir Bewegung im Freien bei dieser unerträglichen Temperatur.

Thun avanturirt sich wie mir scheint etwas zu scharf mit seinen Bemühungen Gortschakow zu stürzen; er hat einige Oestreich persönlich ergebene Häuser, wie Kotschubey, einige Galizyns, und die Gräfin Kalergis betreibt ihre oestreichische Agentur im Hause des alten Kanzlers. Aber Thun überschätzt diese Einflüsse, und wenn er selbst sein Ziel erreichte, so würde er bald sehn, daß nicht alle Gegner Gortschakows Freunde Oestreichs sind. Die Eifrigsten in der sogenannten deutschen Parthei, wie Lieven, Berg*), die die Armee genau kennen, erklären einen Feldzug Rußlands für Oestreich, in Ungarn oder sonst, für schlechthin unmöglich. Der Haß ist im Geiste des gemeinen Russen zu einer Glaubenssache geworden, und die politischen Ansichten der Masse, auch in der Armee, werden von der russischen Politik heut vielleicht höher als sein sollte angeschlagen.

Indem ich Ihnen Waidmanns Heil in Kammern und Commissionen wie im Walde wünsche, bin ich mit der aufrichtigsten Verehrung
       der Ihrige
         v. Bismarck.

*) Graf Berg, Russischer General-Adjutant und Mitglied des Reichsraths.

51.
Bismarck an Minister v. Schleinitz.

Petersburg 2. Februar 1861.

Verehrtester Freund und Gönner

nur als Vacat-Anzeige sende ich diese Zeilen durch General Lindheim, der sich durch alle abschreckenden Nachrichten über den Zustand der Wege nicht will abhalten lassen zu fahren. Der letzte englische Courier ist zwischen Kowno und Dünaburg 15 Mal umgeworfen und hat dabei das Schlüsselbein gebrochen. Heut über 8 Tage wollte ich gern auf 3 bis 4 Tage nach der Gegend von Nowgorod zur Jagd, wo 19 Bären, jeder für sich natürlich, eingekreist sind. Sollte der allerhöchste Dienst es nothwendig machen, mir diese Excursion zu verbieten, was mich tief schmerzen würde, so bitte ich um telegraphischen Befehl; sonst genügt Schlözer auf 3 Tage für die laufenden Geschäfte. Mit aufrichtigster Verehrung

der Ihrige

v. Bismarck.

52*).
Minister v. Schleinitz an Bismarck.

Berlin, den 14. Februar 1861.

Verehrter Freund

— — — Hoffentlich legt man dem Amendement Vincke**) in Rußland keine ungehörige, d. h. über die vier Wände des Abgeordnetenhauses hinausreichende Tragweite bei. Der König hat in seiner Antwort auf die Adresse, welche re vera noch etwas schärfer lautete, als es in den Zeitungen gedruckt zu lesen ist, darüber auch keinen Zweifel gelassen. Der Lazarus-

---

*) Anhang zu den Gedanken und Erinnerungen von Otto Fürst v. Bismarck, Bd. II, S. 328.
**) Zu Gunsten der italienischen Einheit.

Orden wäre für den westphälischen Freiherrn eine ganz angemessene Belohnung, die ihm von Herzen zu gönnen wäre. — In der Holsteinschen Sache theile ich vollständig Ihre Ansicht und habe mich in den Commissionsverhandlungen ganz in diesem Sinne anfangs gegen eine widerspenstige Majorität, schließlich jedoch unter allgemeiner Zustimmung ausgesprochen. Im Plenum war die Temperatur für die ganze Sache so kühl, daß es mir mit Rücksicht auf die dänischen Rodomontaden nicht geeignet schien, noch mehr kaltes Wasser in diesen lauwarmen Kessel zu gießen, während ich mich auf der andern Seite auch nicht für berufen halten konnte, die ministerielle Kriegsfackel zu schwingen. Unter diesen Umständen schien mein Schweigen mehr als je Gold zu sein. In der öffentlichen Meinung haben unsere Abgeordneten durch die vierwöchentlichen Geburtswehen der Adresse und das schließliche Resultat derselben, welches Niemandes wahre Meinung ausdrückt, eben nicht gewonnen. Die Oesterreichisch-Russische Botschafter-Frage scheint doch allmählig ihrer Verwirklichung näher zu rücken. Nach allem, was ich über Stackelberg höre, würden wir uns zu dieser Wahl Glück wünschen können.

Das Publikum ist hier seit einiger Zeit sehr friedensselig und ein naher Ausbruch dürfte allerdings auch kaum zu befürchten sein. Ob den Piemontesen aber jetzt, nachdem Gaëta capitulirt hat, der Kamm nicht schwillt und das Friedensprogramm über den Haufen geworfen werden wird, muß dahin gestellt bleiben. In Paris soll man über die angeblich kriegerischen Reden des Königs anfangs einigen Kummer bezeigt, scheint sich aber jetzt über die Allerhöchsten Absichten vollständig beruhigt zu haben.

In aufrichtigster Freundschaft und Hochachtung
Ihr
treu ergebener
Schleinitz.

53*).

Minister v. Schleinitz an Bismarck.

Berlin, d. 5. März 1861.

Verehrter Freund,

Prinz Croy kehrt heute nach Petersburg zurück, um wieder als eine der festen Säulen der dortigen Gesandtschaft einzutreten, und ich hoffe, daß es Ihnen dann mit Hinzurechnung des neuen Attaché's an den nöthigen Arbeitskräften nicht fehlen wird. Croy hat mir anvertraut, daß er sich in Paris mit der Tochter des Herzogs Delorge verlobt habe, daß diese Verlobung aber vorläufig noch nicht publicirt werden soll. Ob er damit umgeht, diese Matrimonial-Velleitäten bald zu realisiren, weiß ich nicht und hoffe in casu quod sic, daß die K. Mission zu St. Petersburg dadurch einen neuen ornamentalen Zuwachs erhalten wird. — Die Warschauer Angelegenheit**) ist nicht schön und hat hier begreiflicher Weise keinen sehr guten Eindruck gemacht. Es ist dabei eine Mischung von Mangel an Voraussicht und Schwäche hervorgetreten, die für ernstere Schwierigkeiten nichts Gutes zu prognosticiren scheint. Eine Adresse wie die an den Kaiser abgesandte ist gleichfalls ein in Rußland sehr bedeutungsvolles Novum. In Oesterreich gehn die Dinge schlecht, und wie man um den Conflikt mit Ungarn herumkommen will, ist mir nicht recht klar. Ungarn will nur Personal-Union und die Oesterreichische Regierung kann diesem Verlangen nicht nachgeben, ohne damit aus der Reihe der großen Mächte auszuscheiden. Entspinnt sich aber ein Kampf in und um Ungarn, so wird auch derjenige um Italien nicht ausbleiben. Abgesehen von dem, was außerdem und anderwärts noch geschehen kann, scheinen mir also die Aspecten für den

---

*) Anhang zu den Gedanken und Erinnerungen von Otto Fürst v. Bismarck, Bd. II, S. 329.

**) Unruhen.

Sommer keineswegs durchaus harmlose zu sein. In der syrischen Sache kommt es im Grunde darauf an, sich über einen Termin der Verlängerung der Occupation zu vereinigen, der pour tout délai von allen Betheiligten acceptirt werden kann. Wenn Aussicht auf Erfolg sich zeigt, entschließen wir uns vielleicht, einen solchen Vermittlungsvorschlag zu machen. Die Dänen haben dem erneuten Andrängen Europas, vor allen Dingen nun das Provisorium zu ordnen und zu diesem Ende namentlich das Budget den Holsteinischen Ständen vorzulegen, bis jetzt nicht nachgeben zu können geglaubt. Sie scheinen den Zeitpunkt für günstig zu halten, um ein ihren Wünschen entsprechendes Definitivum durchzusetzen. Es ist recht gut, daß Europa sich bei dieser Gelegenheit überzeugt, daß eine Verständigung mit Dänemark nicht gerade zu den leichten Aufgaben gehört. — Ob, was unsere innern Angelegenheiten anlangt, die beiden Cardinal-Punkte der Session, Grundsteuer und Militairbudget, durchgehen werden, ist noch zweifelhaft und scheint von Umständen abzuhängen, die noch außer aller Berechnung liegen. — Morgen wird die Gaeta-Ceremonie mit großem Pomp gefeiert, es ist gut, daß England dazu Veranlassung giebt, sonst würde des Geschreies und Gespöttes von Seiten der Liberalen kein Ende sein.

Mit aufrichtigster Freundschaft

Ihr herzlich ergebener

Schleinitz.

54.

Bismarck an Minister v. Schleinitz.

Petersburg 13. März 1861.

Verehrtester Freund und Gönner

Mit verbindlichem Dank habe ich durch Croy Ihr Schreiben vom 5. c. erhalten. Der Ueberbringer beabsichtigt erst nächsten

Winter seine Braut heimzuführen, und will die Verlobung, auf
Verlangen des künftigen Schwiegervaters, für jetzt noch geheim
halten. Da die Thatsache aber vor seiner Ankunft durch die
Gräfin Thun, als Nichte seiner Tante (Salm-Sternberg) hier
allgemein bekannt war, so war ihm der Ehrenname des „Ritters
de Lorge" (siehe Schillers Handschuh) auch schon vorausgeeilt.
Er beabsichtigt nicht den Königlichen Dienst nach seiner Ver-
ehelichung zu verlassen.

Ueber die Warschauer Sache folgt ein Bericht hiebei; ich
habe kein Mittel versäumt die Stimmung des Kaisers zu
festigen, nachdem sie anfangs, unter dem richtigen Gefühl daß
mit brutalem Ungeschick verfahren worden sei, ziemlich weich
war. Gortschakow hat mir, wie ich glaube, Allerhöchsten Orts
beigestanden; den liberalen Coterieen gegenüber hat er aber
für nützlich erachtet sich seiner sonstigen Discretion zu ent-
schlagen, und den von mir gemachten „energischen" Vorstellungen
eine weitere Publicität gegeben als der Geschäftsbetrieb mit sich
brachte, so daß german influence einigermaßen herhalten muß
um zu motiviren daß der Kaiser den Schmerzensschrei so
kühl abgefertigt hat. Die National-Liberalen der höheren Gesellschaft haben besonders an Graf Bludow, dem Präsidenten
des Reichsraths, eine einflußreiche Stütze, und bildet dessen
unverheiratete Tochter Antoinette, eine geistreiche und liebens-
würdige Dame von mittleren Jahren, den salonmäßigen Mittelpunkt der Fraction, als deren männlichen Leiter man den
adjoint des Ministers des Innern, Milutin, bezeichnen kann.

Daß die Dinge in Oestreich schlecht stehn, ist dem Grafen
Thun anzumerken. Ich traf ihn gestern im Wartezimmer des
Ministers, aus dessen Cabinet er in sehr erregter Stimmung
herauskam, und er setzte mir mit Thränen im Auge ausein-
ander, daß er an der Zukunft seines Landes verzweifle. Sein
Urtheil über Rechbergs Befähigung zu dem Posten eines diri-
girenden östreichischen Ministers fängt an mit demjenigen zu-

sammenzufallen, welches ich mir durch mehrjährige gemein=
schaftliche Arbeiten mit meinem Frankfurter letzten Collegen
habe bilden können. Ich halte Rechberg für einen ungewöhnlich
beschränkten Staatsmann, auch abgesehen von den Forderungen
die man an den auswärtigen Minister einer Großmacht stellen
muß. Ich sage das ohne Bitterkeit und ohne kränkende Absicht,
mit der Ruhe des classificirenden Naturforschers.

Wenn ich das Unglück hätte, Kaiser von Oestreich zu sein,
so würde ich morgen nach Pest übersiedeln, in Husaren=Uniform
ungarisch reden und reiten, Ungarn alles einverleiben was
hineinpaßt, selbst vor den ungarischen Landtag treten und mit
ihm verhandeln, ihm die unverkennbare Wahrheit sagen, daß
König von Ungarn die erste Eigenschaft des Kaisers von Oest=
reich sei, alle übrigen aber Nebenländer. Wenn die Sache
überhaupt zu retten ist, so wäre es wie ich glaube auf diesem
Wege; Böhmen und Oestreich fallen deshalb nicht ab, ein
Königreich ist immer der Unannehmlichkeit werth, einige Monate
in Ofen zu residiren, und die Schwierigkeit das wild gewordene
ungarische Roß wieder ruhig zu reiten, wenn man einmal
im Sattel sitzt, ist unter Maria Theresia so glänzend gelöst
worden, daß man auf diesem Gebiete an nichts zu verzweifeln
braucht. Thun's böhmischer Particularismus ist für den Ge=
danken eines solchen Versuchs nicht zugänglich; er kann diese
Wiener Morgue nicht los werden, die den Ungarn jederzeit
falsch behandelt hat, und eher bereit ist, das unentbehrlichste
der Kleidungsstücke als die Würde des Kammerherrnschlüssels
zu opfern.

Was unsre auswärtige Politik den Kammern gegenüber
betrifft, so wollen Sie mir gestatten Ihnen aufrichtig Glück zu
wünschen zu der kühlen und siegreichen Ueberlegenheit mit
welcher Sie die Anläufe der Gegner abgewiesen haben. Har=
kort möchte ich dringend empfehlen auf einige Monate der
hiesigen Gesandschaft zu attachiren; der alte Schwätzer würde

sehr bald im Duett mit Holstein das Lied singen mit welchem Leporello den Don Juan eröffnet.

Die Sendung des Fürsten Paskewitsch mit dem Georgen-Orden für den König*), und Georgen-Katharinen-Orden für die Königin, hat Fürst Gortschakow sehr gern gesehen, nicht blos in aufrichtiger Bewunderung der Königin, sondern auch nebenher weil diese äußerliche Anerkennung welche man dem unglücklichen Herrscherhause zollt, zugleich dem Kaiser eine Art Abfindung mit seinem Gewissen darüber gewährt, daß die Sympathieen auf eine wirksamere Weise nicht bethätigt werden, und bei dem Versuch Cutrussiano's, hier eine Anleihe zu machen, nicht bethätigt wurden.

Das Journal des Fürsten G. beschäftigt sich auch heute noch mit der Rede des Prinzen Napoleon, und namentlich mit der Frage, ob dieser „Vincke" des französischen Senats unter den Flügeln des kaiserlichen Adlers sein Lied gesungen hat oder daneben. Die objective Art, in welcher die Rede, ohne ein tadelndes Wort, in dem Organ des Ministers fortwährend besprochen wird, contrastirt auffällig mit der verachtenden Kritik welche der Fürst mir unter vier Augen über die rhetorischen Ergüsse des Prinzen zu hören gab. Er nahm mir aber das Versprechen ab, die starken Ausdrücke deren er sich bediente, nicht auf seinen Namen weiterzuerzählen.

Mit der Veränderung in der Person meines englischen Collegen**) bin ich, prima facie, sehr unzufrieden. Ein so gescheuter und zuverlässiger College wie Crampton ist immer ein Verlust, und ich stand in sehr vertrauten Beziehungen mit ihm. Prinz Wilhelm von Baden ist vor einigen Tagen aus dem Kaukasus zurückgekehrt, stärker geworden und von der Winterluft so gebräunt, als hätte er eine Sommer-Campagne in Indien gemacht. Er spricht über deutsche Politik und Preußische

---

*) König von Neapel.
**) Crampton wurde durch Napier ersetzt.

Hegemonie und Oberbefehl sehr billige Ansichten aus, von denen wohl zu wünschen wäre, daß andre deutsche Fürsten sie theilten.

Für ungesalzenen Caviar ist das Wetter zu gelinde, wir haben hier nur 1 Grad Frost mit starkem Schneefall; mit einem Dutzend Haselhühner aber wage ich es, da das Stück nur 20 Kop. kostet, und 2 R 40 kein schwerer Verlust sind, wenn sie schlecht ankommen sollten.

Loën wird hier in den nächsten Tagen erwartet; wenn es wirklich in der Absicht liegt, ihm einen Nachfolger zu geben, so wäre es sehr wünschenswerth für den Geschäftsbetrieb, demselben eine mehr der östreichischen, französischen und schwedischen Einrichtung entsprechende Instruction mitzugeben, nach welcher er sich mehr als Mitglied der Gesandschaft zu betrachten hätte. Bisher gestaltet es sich practisch einigermaßen so, daß der Militairbevollmächtigte Gesandter des Königlichen Hofes bei der Person des Kaisers ist, und der Civil-Gesandte das Ministerium bei Gortschakow vertritt. Politische Vortheile, wie zu Rauch's und Münster's Zeit, hat diese Zweitheilung schwerlich, wohl aber legt sie die eigentliche Gesandschaft einigermaßen trocken, und schneidet mir viele Gelegenheiten zu persönlichem Verkehr mit dem Kaiser ab. Von russischer Seite wird man ebenfalls weniger als früher bereit sein, dem Nachfolger Loëns äußerlich eine andre Stellung zu lassen als dem colonel Colson, welcher die rothe Hose vertritt. Der Versuch einen Politiker an Loëns Stelle zu setzen würde hier auf Widerstand stoßen, und auch den Ansprüchen unsres Kriegsministeriums weniger genügen als ein Offizier von lebhafterem Interesse für den technischen Theil seiner Mission. Mit der Versicherung aufrichtigster Verehrung

der Ihrige

v. Bismarck.

55.
Bismarck an Minister v. Schleinitz.

Petersburg 13. März 1861.

Ew. Excellenz

erlaube ich mir in der Anlage Nr. 28 des Nord vorzulegen, deren zweiter Leitartikel ungeachtet seines alten Datums um deßhalb von Interesse ist, weil ich sichere Anzeichen habe, daß er von hier aus entweder direct oder durch Budberg's Vermittelung suppeditirt worden ist. Er gewährt einiges Material zur Beurtheilung der hiesigen Auffassungen und der Eindrücke welche Budberg empfängt und hieher wiedergiebt, da aus seinen vertraulichen Berichten der Artikel seine Färbung erhalten hat. Ich bitte deßhalb auch, mit Rücksicht auf die Verbindungen innerhalb unsrer amtlichen Kreise welche ich, vielleicht mit Unrecht, Budberg zuschreibe, diese Mittheilung geneigtest secretiren zu wollen.

Man würde sich irren, wenn man den Fürsten Gortschakow für alles verantwortlich machen wollte, was im Nord steht; aber im Großen und Ganzen hängt das Blatt von ihm ab, und viele, an ihrem Styl leicht kenntliche Artikel, werden unter seiner persönlichen Leitung und Correctur redigirt. In Betreff der italiänischen Frage sagte er mir selbst gelegentlich, habe er dem Redacteur „erlaubt", seinen, des Redacteurs, eigenen Ansichten zu folgen, weil sonst der Abonnenten=Kreis sich zu sehr verkleinern würde.

Ich setze voraus, daß das Journal de St. Pétersbourg im Königl. Ministerium gehalten wird; der Fürst erkennt es selbst als sein persönliches Organ an, und ist nicht ohne Empfindlichkeit, wenn er bemerkt daß man einen Leitartikel nicht gelesen hat.

Mit der ausgezeichnetsten Hochachtung verharre ich

Ew. Excellenz

gehorsamster

v. Bismarck.

(Anlage.)

On est forcé de reconnaitre que depuis l'avénement de Guillaume Ier, la situation internationale et intérieure de la Prusse a subi une grave modification.

Le nouveau pouvoir héritait sans doute de difficultés sérieuses, de questions en suspens. De ce nombre était la question dano-allemande, qu'alimentait constamment et envenimait la susceptibilité du patriotisme germanique et dont un échange presque ininterrompu de notes, de contre-notes, de manifestations et de démonstrations, avait paru éloigner plutôt que rapprocher la solution.

Le gouvernement du feu roi avait maintenu cette question à l'ordre du jour, ainsi que l'exigeait la mission que s'est donnée la Prusse de représenter le sentiment national allemand dans ses moindres aspirations; mais, tout en ménageant ce sentiment, Frédéric-Guillaume, pénétré de ses devoirs de souverain européen, évita de laisser prendre au conflit dano-germanique des proportions de nature à mettre sérieusement la paix en péril.

Depuis que Guillaume Ier est monté sur le trône, et dès le lendemain de son avénement, cette question, qui semblait plus compliquée que le nœud gordien, a pris tout d'un coup un caractère d'imminence belliqueuse qui ferait croire qu'elle ne peut être tranchée que par l'épée.

Certes, ce que l'on savait des sentiments bien connus du Prince-Régent à l'endroit de la question du Schleswig-Holstein, et d'autres encore, permettait, jusqu'à un certain point, de prévoir que sous son règne cette question serait poussée avec une certaine vigueur, mais on ne pouvait s'attendre à ce que, dans l'état complexe et difficile de l'Europe, qui exige de la part des gouvernements une si grande prudence et de si sérieux ménagements, le différend dano-allemand reçût soudain une importance assez alarmante pour déplacer les chances de guerre du Midi au Nord.

Sans doute, dans cette attitude belliqueuse qui se révèle dans toutes les manifestations émanant du nouveau gouvernement prussien, il faut faire la part de l'éducation toute militaire qui est le propre de la maison royale de Prusse, et surtout du Prince-Régent. Il semble, en effet, chaque fois qu'un des princes de la maison de Brandebourg prend la parole en public, qu'il ait incessamment présentes à sa mémoire son origine guerrière et son existence militante. A l'instar de ces fiers chevaliers de l'Ordre teutonique, toujours prêts à en appeler à leur épée et qui ne pouvaient prononcer une parole sans porter, par un mouvement machinal, leur main sur la garde de leur glaive, chacun des actes et des discours de la royauté prussienne s'accompagne instinctivement de ce geste héroïque. On entend, dirait-on, en lisant leurs proclamations, comme un bruit d'armure, tant, dans les chefs de l'Etat le plus civilisé de l'Allemagne, revivent encore par instants les belliqueux chevaliers porte-glaives dont ils sont issus.

Toutefois, cette tendance traditionnelle s'accuse peut-être jusqu'à l'exagération dans les premières manifestations orales du roi Guillaume Ier, dans lesquelles l'Europe a le droit de chercher la pensée qui présidera aux actes du nouveau gouvernement.

On a entendu, il faut bien le dire, non sans un certain étonnement, sortir de la bouche du successeur de Frédéric-Guillaume ces mots de »vaincre ou mourir« qui sont d'ordinaire la devise des crises suprêmes et non le programme d'un gouvernement fort et pacifique, que personne ne songe à menacer. On a été surpris et alarmé de la désignation de vagues dangers qui menaceraient la Prusse et contre lesquels il fallait qu'elle s'armât de toutes ses forces.

L'Europe s'est inquiétée de ce langage, qui venait si mal à propos compliquer sa position, déjà si tendue, et lui montrer de nouveaux dangers du côté où elle attendait une juste et impartiale pondération des événements qui l'entraînent ailleurs. On s'est demandé quels pouvaient être ces dangers qu'on n'indiquait pas et ces ennemis qui n'étaient point nommés, et le vague même de cette insinuation ajoutait à l'alarme qu'elle provoquait.

D'autre part, le Danemark, explicitement menacé par le langage et les mesures du gouvernement prussien, arme. La levée de soldats et de matelots qu'il vient de faire semble suffisamment justifiée par la déclaration de l'organe officiel de Berlin, que la Prusse fait son affaire de la question dano-allemande, qu'elle n'y agira pas comme instrument des décisions de la Diète, mais qu'elle y revendique un rôle initiateur et décisif.

Tout cela est bien fait pour inquiéter et troubler l'Europe. Aussi ne faut-il pas s'étonner si l'effet de ces démonstrations a été partout des plus fâcheux et des plus défavorables. Il n'est pas jusqu'à l'Autriche qui n'ait senti, à ce qu'il paraît, la nécessité de peser à Berlin dans un sens de modération et de pacification.

La situation des affaires à l'intérieur est-elle d'ailleurs en Prusse de nature à permettre au gouvernement à se risquer dans les aventures d'une guerre, où ses adversaires les plus dangereux ne seraient pas les plus visibles? On pourrait en douter en lisant le projet de réponse au Roi que vient de voter la Chambre des seigneurs, réponse que son ton général fait plutôt ressembler à une mercuriale qu'à une adresse, et qui témoigne d'une appréhension mécontente de l'avenir.

Le nouveau roi de Prusse est assurément libéral, mais à sa manière, en ce sens que son libéralisme se ressent encore et de ce caractère guerrier propre aux fondateurs de sa dynastie et de cet esprit mystique qui ressort de certains protocoles de la Sainte-Alliance. Ce mélange de chevalerie, de mysticisme et de libéralisme constitue pour Guillaume Ier un trait d'union naturel avec chacun des deux partis qui se partagent son royaume, le parti libéral et le parti féodal, qui, lui aussi, a cette empreinte mystique.

On s'explique par là la tentative, qui se révèle dans le discours d'avénement du Roi, de concilier les deux tendances et de satisfaire les deux partis. Mais, comme il arrive le plus souvent, vouloir satisfaire deux partis opposés est le plus sûr moyen de mécontenter l'un et l'autre.

Le projet d'adresse de la Chambre des seigneurs est une preuve, comme nous le disions, que le parti féodal prussien n'est pas bien disposé à l'égard du Roi, qu'il tient pour entaché de libéralisme, tandis que le parti national n'a pas trouvé ses proclamations assez franchement libérales. L'hostilité d'ailleurs du parti féodal ne date pas d'aujourd'hui. On se souvient que plusieurs projets de loi présentés l'année passée par le gouvernement furent systématiquement rejetés par la Chambre des seigneurs. Dans le projet d'adresse de cette Chambre toutes ces méfiances se retrouvent indiquées avec un art particulier qui prouve l'insistance qui a été mise à les y introduire.

Cette adresse, qu'il faut lire parce qu'elle prouve où en est encore aujourd'hui le parti féodal en Prusse, contient encore certaines phrases qui, pour la forme comme pour le fond, semblent empruntées à une des dernières encycliques pontificales. On y remarque surtout celle-ci, qui renferme évidemment une allusion:

«On doit se garder de cette fausse sagesse qui consiste à pactiser avec le libéralisme, parce que sans cela il se ferait jour par lui-même.» Cette allusion, qui n'est point exempte d'amertume, est évidemment dirigée contre cette phrase mémorable de l'empereur Alexandre que nous avons si souvent rappelée et dont l'application sincère et immédiate est le seul moyen par lequel on peut aujourd'hui éviter les révolutions. «Hâtons-nous de faire d'en haut et régulièrement ce qui sans cela se fait d'en bas et violemment.» On sait que le parti féodal prussien, qui faisait grand fonds sur la Russie d'autrefois et ne perdait aucune occasion de l'exalter comme le bouclier de l'ordre en Europe, a divorcé avec ces sympathies intéressées, depuis que le gouvernement russe est entré dans une voie moins étrangère à l'esprit, aux sentiments et aux intérêts de la nation russe. Les descendants féodaux de l'Ordre teutonique ont déclaré la guerre à la Russie depuis que ce n'est plus leur esprit qui préside aux conseils de cette puissance.

Ainsi le nouveau roi de Prusse, qui ne parait pas se concilier l'appui et l'adhésion du parti féodal, n'a pas été dès l'abord plus heureux du côté du parti libéral, tandis que par son attitude intempestivement belliqueuse, par son appel au moins prématuré à des sentiments de patriotisme très-honorable, mais exalté, par le manque de décision dans ses vues libérales, le gouvernement prussien actuel s'est placé dans une position fausse et difficile vis-à-vis des partis qui se partagent le mouvement politique intérieur de la Prusse, et surtout vis-à-vis de l'Europe.

Toutefois, nous espérons que le roi Guillaume, éclairé sur la véritable mission que la Prusse est appelée à remplir en Allemagne et en Europe, saura se garder des écueils qui sèment sa route, et que des tendances arriérées ou perfides soulèvent sous ses pas. Entouré de conseillers qui ont donné à la nation des gages de leur patriotisme éclairé et de leurs opinions libérales, appuyé sur une représentation nationale qui veut le progrès et la puissance sans sacrifier l'avenir du pays à des songes creux et aux traditions d'un autre temps, ce souverain voit s'ouvrir devant lui une belle et glorieuse carrière; qu'il s'y engage avec confiance et qu'il mette au service de cette gloire pacifique, la mâle résolution et l'inflexible loyauté qui sont le fond de son caractère, la Prusse le bénira, et l'Allemagne lui offrira «les conquêtes morales» dont parlait le Régent, et l'Europe y applaudira.

56.

Bismarck an Minister v. Schleinitz.

Petersburg 6. April 1861.

Hochgeehrter Freund

Sie erhalten hierneben einen Immediat-Bericht über die polnischen Dinge, der mich bei Ihnen vielleicht in den Verdacht der Gespensterseherei bringt. Ich halte deßhalb für nöthig zu constatiren, daß ich bei hellem Sonnenlichte schreibe, wenn auch etwas geblendet von dem Reflex auf der unbeweglichen Eisfläche vor den Fenstern und den ledergelben Häusern von Wassili-Ostrow. Ich urtheile allerdings unter dem Einfluß meines Verkehrs mit den Fortschrittsmännern; diese aber beherrschen die Situation, sie bilden den Generalstab des Großfürsten Constantin und der Großfürstin Helene, und Fürst Gortschakow braucht sie, und sie ihn, dem Kaiser gegenüber. In dem Gedanken „daß es anders werden muß" sind alle einig, der Aristocrat, der Democrat, der Panslavist, der Orientalist, und das Bestehende findet kaum unter den älteren Beamten einige Anhänger, ohne Einfluß und ohne Hoffnung, meist deutscher Nationalität. An gewaltsame Bewegungen glaube ich nicht, es sei denn daß in den Provinzen Bauern aufstehn welche etwa meinen daß man ihnen nicht giebt, was der Kaiser befohlen habe. Wohl aber glaube ich, daß der Kaiser, ohne sich selbst darüber ganz klar zu sein, von seinen Rathgebern, auch von sehr hoch stehenden, nach wohl combinirten Planen auf Wege geleitet wird, die nicht dahin führen wo er selbst anzukommen wünschen würde. Man rechnet darauf, daß sein edles und weiches Herz, sein Bedürfniß glücklich zu machen, durch kluge Einwirkung vermocht werden kann freiwillig zu gewähren, was keine Gewalt ihm zu entreißen vermöchte. Auf directe Andeutungen von der Zweckmäßigkeit der Mitwirkung des Adels und der intelligenten Klassen bei Reform der Regirung und der Finanzen hat S. Majestät zwar wiederholt geantwortet: point de notables, je ne veux pas de 1789; nachdem aber der Schritt in Polen geschehen ist, und wenn seine Durchführung dort nicht etwa noch durch unvorhergesehene Umstände vereitelt wird, ist es gar nicht wahrscheinlich, daß der Kaiser auf die Länge widerstehn werde, wenn man in der Presse, im Reichsrath, in der Kaiserlichen Familie fragt: Sind wir Russen denn schlechter und verdienen wir weniger Vertrauen, als die uns unterworfenen Polen, deren Treulosigkeit eben so oft bewährt ist als die Treue der rechtgläubigen Russen? Manches Räthselhafte in der Warschauer Episode, und insbesondere die Hast mit welcher das seit 30 Jahren in den Acten lagernde Statut gegeben und publicirt wurde, erklärt sich aus diesem Gesichtspunkte. Dreißig Jahre hindurch duldete man die wohlbekannten Mißbräuche, die in allen russischen Gouvernements fortbestehn, und eine dreiste, aber materiell ohnmächtige Demonstration bringt über Nacht die Erkenntniß, daß man nicht strafen, sondern organische Reformen einführen müsse, und zwar mit umgehender Post. Wenn Leute welche für faiseurs gelten wollen, sich hier rühmen, daß die Warschauer Vorgänge genau nach dem Programm abgespielt worden seien, so sind das airs welche sie sich nachträglich geben; aber gewiß ist immer, daß man die Grochowfeier vorher wußte und leicht inhibiren konnte. Ereignisse sind stärker als menschliche Plane, und von ihnen wird auch die Zukunft aller guten und schlechten Reform-Projecte für Rußland abhängen; bleibt die Zeit ereignißlos, so glaube ich doch noch lange genug zu leben, um Gortschakow vor russischen Notabeln reden zu hören. Die Discussionen der französischen Kammern hatten ihn wahrhaft begeistert; er hielt mir die Reden, die er gehalten haben würde, wenn er als französischer Minister dabeigewesen wäre. Sein Journal de St. P. bringt jeden Buchstaben der Moniteur-Be=

richte, während den englischen oder gar unsern Debatten kaum die Ehre einer Andeutung widerfährt. Gortschakow träumt, wenn er seiner Phantasie Audienz giebt, Reden welche die Stimmung bewundernder Senatoren beherrschen und in Paris gedruckt und auf der Straße gekauft werden; der hohe Adel träumt englische Pairsstellungen und Mirabeau'sche Erfolge; Miljutin aber, der Vertraute des Großfürsten Constantin, Unterstaatssecretär im Ministerium des Innern und der schärfste und kühnste Geist unter den Progressisten, ist zugleich der bitterste Adelshasser und denkt sich das künftige Rußland als Bauernstaat, mit Gleichheit ohne Freiheit, aber mit viel Intelligenz, Industrie, Bürokratie, Presse, etwa nach Napoleonischem Muster.

Ein Pole sagte mir auf meine Frage nach dem Eindruck des Statuts, daß er es auffasse wie das Verfahren eines Bankiers der seinen Sohn mit selbstständigem Capital etablire, mit dem Vorbehalt ihn wieder ins Geschäft zu nehmen wenn er nicht reussire. Ein Russe äußerte: Polen ist für uns eine magere Kuh, die wir auf die Weide jagen, und die uns wieder in den Stall kommt, wenn sie sich in Galizien einen Bauch gefressen hat. Derselbe gab uns den wohlgemeinten Rath, in Posen zu germanisiren wie wir könnten, mit Güte und Gewalt, ebenso wie man in Litthauen russificire, und mit bestem Erfolg. In dem vertraulichen Bericht eines uns wohlbekannten russischen Gesandten las ich, daß schon Graf Stackelberg, Gesandter Katharinas zur Zeit der Theilung Polens, letztere in allen Berichten dringend widerrathen habe, weil ohne dieselbe die Kaiserin Herrin von ganz Polen bliebe. An diesem Besitz des ganzen Polens hängen nun die heutigen National-Russen in der That nicht sehr; nur Augustowo, den nordöstlichen Gipfel, möchten sie dem Königreich, aus Liebe zu graderen Linien auf der Karte, etwa noch abschneiden; das Uebrige, sagen sie, mag seine polnische Nationalität nun entwickeln, es mag in dem Verhältniß wie Norwegen zu Schweden bei uns bleiben, oder ein selbstständiges Leben führen, sich bei dem Zerfallen Oestreichs West-Galizien annectiren, wir sind zu stark um es innerhalb der Gränzen die dem Reiche verbleiben, zu fürchten, und die bisherige Gemeinschaft und Ueberwachung ist uns lästig, stört unsre Einheit und schwächt uns für anderweite Action.

Die Auflösung der Oestreichischen Monarchie nimmt der hiesige Dilettant in der Politik als ein natürliches und nicht zu entferntes Ereigniß an, welches Rußland weiter nicht erschüttern werde. Der Mann vom Fach aber, in specie Gortschakow, ist so schnell nicht fertig mit dem Kaiserstaat an der Donau. Er hat wieder Hoffnung auf Spannung zwischen England und Frankreich; der Artikel gegen die Betheiligung der Orleansschen Prinzen an der Bestattung J. K. H. der Herzogin von Kent, die Entsendung französischer Schiffe nach der Levante, heben wieder den Stand der Actien des continental-conservativen Bündnisses gegen England. Wenn Napoleon überhaupt ernste Absichten gegen England im Hintergrunde seines geheimnißreichen Herzens birgt, so würden die im Großen und Ganzen dem Pabstthum günstigen, Manifestationen der öffentlichen Meinung in den französischen Kammer-Debatten zur Einleitung einer Politik dienen, welche den Schutz des Pabstes zum Ausgangspunkt nimmt, um gegen Sardinien und die italiänische Revolution Front zu machen, damit ins conservative Lager einzuschwenken, und England mit Sardinien und Garibaldi allein zu lassen, trotz aller Schatten Orsini's. Es ist die große Kunst Napoleons, sich so in Dampf aller Art einzuhüllen, daß man überall und nirgends sein Heraustreten aus der Wolke erwarten kann. Vielleicht bleibt er ganz darin und dampft mit Grazie in infinitum fort.

Lord Napier hat sich hier durch allzu offne Darlegung seiner eigenen radicalen Ansichten, die dem Kaiser gewiß ohne

Abschwächung gemeldet sind, keine gute Stellung gemacht. Mir thut das leid, denn bei näherer Bekanntschaft ist er nicht so schlimm wie sein Ruf, und seine Derbheit hat auch ihre guten Seiten.

Ich beabsichtige meine Familie Anfangs Juni nach Pommern zu schicken; vielleicht kann ich auf diesem Wege das Gleichgewicht meines Budgets einigermaßen herstellen; vollständig schwerlich. Ich selbst soll im Laufe des Sommers einen noch näher zu bestimmenden Brunnen und das Seebad gebrauchen. Aufs Land kann ich hier nicht gehn; abgesehen von 3000 R. für ein Landhaus, müßte ich entweder Urlaub nehmen, oder täglich zu bestimmten Stunden zur Stadt fahren, um der Fluth der Reclamationen verantwortlich entgegen zu treten. Wir werden hier immer mehr das Commissions-Büreau für alle möglichen Privatgeschäfte Königlicher und andrer Unterthanen, und ich mag keine Blankets mit meiner Unterschrift ausgeben, auch nichts zeichnen was ich nicht kenne. Ich werde daher, sobald die geschäftliche Lage es zulässig erscheinen läßt, im Sommer mit einem Urlaubsgesuch an Ihre Güte appelliren, und wenn mir dabei der Zweifel an Croy's Fähigkeit zur Vertretung hindernd entgegentreten sollte, so bleibt mir nichts übrig, als diesen ersten Secretär an meiner eigenen Tafel zu vergiften. Er selbst wünscht in Braut-Angelegenheiten Urlaub im Juni; Schlözer würde die Geschäfte ganz zur Zufriedenheit führen können, wenn er die erste Stelle hätte.

In aufrichtigster Verehrung

Ihr

treu ergebener

v. Bismarck.

57.

Bismarck an Minister v. Schleinitz.

7. April 1861.

Die Anlage ist durch ein Versehen, dessen Schuld ich selbst trage, dem Feldjäger nicht mitgegeben worden; ich schicke sie durch die Würtembergischen Herrschaften; weil ich aber Briefe, welche ich nicht gelesen zu sehn wünsche, nicht in einem Couvert, welches sie als politische Correspondenz kenntlich macht, ins Winter=Palais geben mag, so adressire ich das Ganze äußer= lich an meine Schwester, welche Ihnen den Brief wie ich hoffe am Mittwoch, gleichzeitig mit der Couriersendung, wird zu= stellen können. Um die Aufmerksamkeit abzulenken, füge ich in amtlicher Adresse eine Notiz über America bei, an welcher jedermanns Neugierde sich befriedigen mag. Sie sehn, wie mißtrauisch man hier wird, oder in Frankfurt. Wenn Balans*) Nachrichten mit denen übereinstimmen, welche nach meinem gestrigen Telegramm Nicolai**) hieher gemeldet hat, so hat die Budget=Frage in Holstein vielleicht ein Stadium erreicht, in welchem wir uns enthalten können irgend welche Kastanien aus dem Feuer zu holen. In dieser, wie Herr von Gruner***) sagen würde, „heikeln" Sache stehn die Dispositionen unsrer besten Freunde in London und hier so wenig auf der Höhe deutscher Ansprüche, daß wir nichts Brauchbares erreichen werden, so lange größere Ereignisse nicht das Metall flüssiger machen. Selbst wenn man Dänemark nicht thatsächlich beisteht, es aber zum Widerstande ermuntert und unsre Action dann wie früher hemmt und mit Demonstrationen beeinträchtigt, ist unsre

---

*) von Balan, Preuß. Gesandter in Kopenhagen.
**) Baron Nicolai, Russischer Gesandter in Bern.
***) von Gruner, Unterstaats=Secretär im Preuß. Auswärtigen Ministerium.

Situation weder angenehm noch würdevoll, solange die dänische Flotte uns überlegen ist und die Küsten von Memel bis Aurich sperren, auch beliebige Kränkungen unsrer Flagge und Rhederei verüben kann. Können wir solchen Eventualitäten auf irgend anständige Weise vorbeugen, so würde ich es als großen Gewinn betrachten; wir haben für jetzt größere eigne Sorgen und Gefahren vor uns, als die Ruchlosigkeit dänischer Vögte in Schleswig, und die Holsteiner sind, wie mir scheint, gar nicht sehr günstig für den Gedanken gestimmt, durch deutsche Truppen gerettet zu werden.

Ich schreibe heute etwas unbeholfen, weil ein kleiner Bär den ich mir aufziehe, den Tod seiner Mutter gestern durch einen Biß in meinen Finger gerächt hat. Ich beabsichtige mit dem ersten Schiffe ein kleines Pärchen nach Pommern zu schicken, um womöglich die heimischen Wälder im blauen Ländchen wieder mit dieser ebenso unschädlichen als interessanten Wildgattung zu bevölkern. Junge Bären und Wölfe sind bisher unsre einzigen Frühlingsboten; es schneit augenblicklich wie im Dezember und deckt sich das Newa-Eis wieder mit tadelloser Weiße.

v. B.

58.
Bismarck an Minister v. Schleinitz.

Petersburg 12. April 1861.

Unter Bezugnahme auf den vertraulichen Bericht vom gestrigen Tage über die polnischen Angelegenheiten melde ich noch gehorsamst, daß ich auf ganz vertraulichem Wege dasjenige was mir geeignet schien aus den Berichten Thérémin's*), in Gestalt von Auszügen aus Privatbriefen zur unmittelbaren

---
*) Thérémin, Preuß. General-Consul in Warschau.

Kenntniß des Kaisers gebracht habe. S. Majestät hat mir lebhaften Dank dafür aussprechen lassen, mit dem Bemerken, daß die unberufenen Einmischungen des Publicums in die Attributionen der Behörden, und das schwächliche Verhalten der offiziellen Gewalt, aus dem sie hervorgegangen waren, den schärfsten Tadel erfahren habe und abgestellt sei. Den Warschauer Zeitungsartikel gegen uns (Gazeta codzienna), den ich beigefügt hatte, habe der Kaiser mit Entrüstung gelesen, und sofort den Befehl an den Statthalter abgehen lassen, daß ähnliche Ausfälle gegen Preußen von der Censur auf das Strengste zu inhibiren seien. Anträge irgend welcher Art hatte ich in Verbindung mit diesen Mittheilungen nicht gestellt; letztre erfolgten einfach couvertirt, ohne Schreiben in meinem Namen. Der Kaiser hat mir diesen Weg directer Mittheilung von Papieren, durch den Kammerdiener, wiederholt gestattet, und habe ich selbst S. Majestät gebeten auch Fürst Gortschakow von denselben Einsicht zu gewähren. Ob letzterem diese Beziehungen genehm sind, lasse ich dahingestellt sein; ich behandle ihm gegenüber diese Form nicht als Geheimniß, da der Kaiser ihm doch alles sagt; sondern ich rechtfertige sie mit der Redensart, daß ich dem Neffen meines Königs manches vorlegen könne, was ich dem russischen Minister nicht übergeben würde.

Über die Natur der letzten Conflicte in Warschau hat Gortschakow, wie er sagt, auch heut noch nichts Näheres. On s'est battu à plusieurs reprises, sagt er mir, et il faut bien que la population ait été armée, puisque les troupes ont des morts. Thérémin wird darüber schon berichtet haben; ich erwähne nur des Mangels an Mittheilsamkeit über diese Dinge, die doch bald in den Zeitungen stehen werden.

59.

Bismarck an Minister v. Schleinitz.

Petersburg 12. April 1861.

Ew. Excellenz
werden aus meinem vertraulichen Bericht über die polnischen Angelegenheiten schon entnommen haben, daß mir die telegraphischen und schriftlichen Berichte des Herrn von Loën über seine Unterredungen mit S. M. dem Kaiser, deren Ew. Excellenz vertraulicher Erlaß vom 7. c. als mir bekannt Erwähnung thut, und auf welche auch Baron Budberg sich in seinen Berichten bezieht, ebenso unbekannt sind, wie alles Uebrige, was Herr von Loën seit meiner Anwesenheit hier nach Berlin geschrieben hat. Da Ew. Excellenz diese Sachlage nicht vorauszusetzen scheinen, so benutze ich diesen Anlaß zu der gehorsamsten Anfrage, ob Herr von Loën mir von seiner amtlichen Correspondenz Kenntniß zu geben hat oder nicht. Ich führe damit keine Beschwerde über ihn, und möchte unsre sehr guten persönlichen Beziehungen nicht stören: sobald ich nur weiß, was Rechtens ist für unser amtliches Zusammenwirken, wird es mir gewiß gelingen, mich mit ihm direct zu verständigen. Die Thätigkeit zweier unabhängiger politischer Agenten an demselben Hof hat für den Königlichen Dienst unzweifelhafte Nachtheile, besonders wenn der eine die Sprache nicht kennt, die der andere den Einheimischen gegenüber führt. Loën gilt bei den Russen nicht für einen Politiker, wohl aber für eine Quelle; er wird in den amtlichen Kreisen in seiner staatsmännischen Befähigung unterschätzt, und man spricht deßhalb in andrer Weise mit ihm, als es mit mir über denselben Gegenstand der Fall sein würde. Dabei schneidet mir das Vorhandensein dieses Organs für die directen Beziehungen der allerhöchsten Familien zu einander, viele Gelegenheiten der Begegnung mit dem Kaiser ab. Das sind Uebelstände die ich trage und un-

schädlich zu machen suche, so lange es Seiner Majestät Befehl sein wird, daß die dermalige Einrichtung besteht, obschon es mir mit einer bedeutenderen politischen Persönlichkeit an Stelle Loëns, auf die Dauer schwer möglich erscheinen würde. Gewiß bin ich aber, daß es für den Dienst Seiner Majestät förderlich sein würde, wenn ich von allen, auch den militärischen und Hof=Nachrichten welche Loën abschickt, Kenntniß erhielte. Vor der Verleihung eines eigenen Chiffres für ihn war dies wenigstens in höherem Maße als jetzt der Fall.

Mit der ausgezeichnetsten Hochachtung verharre ich
Ew. Excellenz
gehorsamster
v. Bismarck.

60.
Bismarck an Minister v. Schleinitz.

Petersburg 17. April 1861.

Verehrtester Freund und Gönner

ich benutze eine kaufmännische Gelegenheit um mein letztes Telegramm durch einige berichtende Zeilen zu erläutern. Wie weit sich die Frontveränderung Frankreichs in Italien erstrecken wird, und ob sie überhaupt mehr als eine taube Nuß ist, wird Ihnen vielleicht schon besser bekannt sein als mir. Jedenfalls dient sie dazu, beim Kaiser die Hoffnung einstweilen zu nähren, daß man die napoleonische Politik in verständigem Geleise und den Frieden ohne tiefergehenden Bruch werde erhalten können. Wenn es sich um weiter nichts handelt, als daß Frankreich dem Beispiele Englands in Anerkennung des Königreichs Italien nicht folgt, so sehe ich darin keine unerwartete Neuigkeit. Nach der ganzen mise-en-scène und dem Verlauf der französischen Kammerverhandlungen kann leicht möglich sein, daß diese zur Anbahnung einer dem Pabste günstigeren Politik gedient haben, gewiß ist aber nur, daß Napoleon sich die freie Hand nach allen Seiten hin gewahrt hat. Von Gortschakow näheren Aufschluß zu erhalten, ist keine Aussicht. Es ist mir sehr fraglich, ob er ihn geben könnte, wenn er wollte, denn er sieht Napoleon auch nicht in die Karten. Er ist von Natur geneigt, sehr mittheilend zu sein, über das ganze Gebiet seiner Beziehungen zu Frankreich aber hüllt er sich in dichte Schleier; das steht so grundsätzlich fest bei ihm, daß seine Geheimnißkrämerei in den polnischen Angelegenheiten mich allein verleiten könnte, letztere mit in die Kategorie dessen zu rechnen, was er zu den „Beziehungen zu Frankreich" zählt. Ich vermuthe daß er selbst in geringerem Grade zu den „Wissenden" der Tuilerien-Politik gehört als er glauben machen will, und daß seine Schweigsamkeit ein gutes Theil Unwissenheit verdeckt, und manche Rechenfehler. Sind die Schwächen und Mißgriffe in Warschau wirklich durch Verabredungen mit Frankreich bedingt, so ist Gortschakow, nach der ewigen Regel der Pacte mit dem Teufel, der Betrogne, er mag es läugnen oder verdecken wie er will. Der zähe Widerstand, welchen hier die Verhängung des Belagerungszustands über das Königreich findet, läßt auch glauben daß irgend welche Zusicherungen über „milde Behandlung" der Polen gegeben worden sind. Gortschakow thut bisher, als ob alles was geschehe, in wohlerwogenem Programme vorhergesehen, und die écarts zu untergeordneter Natur seien, um den Kaiser in seinen seit lange gehegten Absichten irre zu machen. „Rußland ist mächtig genug um großmüthig zu sein;" dieses Thema variirt er in allen Discussionen über die Sache.

Der zweite Leit-Artikel des Nord vom 9. April, Nr. 99, beginnend mit den Worten: les Affaires d'Orient deviennent plus graves de moment en moment, ist mir um deßhalb merkwürdig, weil ich viele seiner charakteristischen Phrasen, insbesondere das ganze zweite Alinea und den Schlußsatz des ersten, nach Form und Inhalt wiedererkenne als Bestandtheile Gortschakowscher Aeußerungen aus den letzten Tagen des März. Der weitere Verlauf des Artikels verräth grade keine erhaltende Fürsorge für Oestreich, und das Ganze ist schärfer ausgeprägt, als die mündlichen Aeußerungen an die es mich erinnert, die Familien-Aehnlichkeit für mich aber frappant genug, um Mitwirkung, wenn auch nicht ausschließliche Vaterschaft meines Freundes zu muthmaßen.

Thuns Klagen über die Schwierigkeit der Einwirkung auf die hiesige Politik sind gewiß sehr begründet. Gortschakow's bewegliche Gewandheit entzieht dem Auge des Beobachters den Zusammenhang seines Treibens und macht es schwer die Fährte fest zu halten. Dabei hat der Fürst keinen Vertrauten seiner Politik, selbst der Kaiser dürfte es nur bis zu gewissem Grade sein; die eigentliche auswärtige Politik hat hier weniger Mitwisser als irgendwo, denn die andern Minister und persönlichen Umgebungen des Kaisers erfahren kein Wort davon. Wie weit Gortschakow vor Montebello alle Falten seines planvollen Herzens öffnet, lasse ich dahin gestellt sein; davon aber bin ich durchdrungen, daß der französische Botschafter seinerseits alle Geheimnisse erzählen kann die er kennt, ohne daß Gortschakow durch deren Enthüllung mehr von der Politik Napoleons erfahren würde als er ohnehin weiß.

Im Gespräch mit Thun kam die Rede auf das Gerücht, daß eine hochstehende Persönlichkeit in der Nähe des Kaisers fremdem Golde, wenn es massenhaft genug aufträte d. h. zu 10 und 50 Tausend Ducaten, zugänglich sei; „wenn man nur Gewißheit darüber erlangen könnte" sagte mein Collega in gut oestreichischer Tradition, „was der Napoleon kann können wir auch noch." Ich weiß von Frankfurt her, daß er mit diesen „spanischen Practiken des Kaiserlichen Hofes", wie der Hochselige König sich auszudrücken pflegte, vollständig vertraut ist.

Neulich schrieb ich von Bauernaufständen, unter andern auf den Gütern eines Gf. Olchin im hiesigen Gouvernement. Vor einigen Tagen wurde ein starker Transport von dort in Ketten hier eingebracht; die übrigen schickten gleichzeitig 12 der Ihrigen als Beschwerde-Deputation an den Kaiser. Diese Deputation wurde hier sofort eingesperrt, und soll nicht in ihre Heimath zurückkehren, sondern in entfernteren Gouvernements angesiedelt werden. So viel Härte hier, und so viel Weichheit in Polen, wie reimt sich das zusammen? Die Newa steht noch, bei 2 bis 7 Grad Frost, und seit 4 Tagen einem Sturm daß die Häuser wanken. Mit aufrichtiger Verehrung

der Ihrige

v. Bismarck.

61.
Bismarck an Minister v. Schleinitz.

Petersburg 3. Mai 1861.

Verehrtester Freund und Gönner

Napier benachrichtigt mich plötzlich, daß er heut Abend einen Courier schickt, und da ich, am hiesigen Charfreitage, die Kanzlei nicht bei der Hand habe, so füge ich den wenigen fertigen Berichten einige Zeilen eigner Hand hinzu.

Viel Eindruck macht hier der Artikel der Press, in welchem zum ersten Mal eine englische Zeitung die Polen zu Gunsten Rußlands verurtheilt; das Journal de St. Pétersbourg hat ihn sofort reproducirt. Er ist fast zu russisch grün gefärbt, um als ganz eingeborenes Product englischer Publicistik angesehen werden zu können. Für Gortschakow hat er den Werth einer Reclame an die Adresse seiner Pariser Geschäftsfreunde, und eines Beweismittels, welches dem Kaiser gegenüber bethätigt, daß die Besserung der Beziehungen zu England mit Erfolg angestrebt wird. Daneben erleiden die täglichen Besprechungen mit Montebello, deren Inhalt Thun, Napier und mir mit keiner Sylbe angedeutet wird, keine Unterbrechung. Wohl aber suchen M. und G. ihre Beziehungen neuerdings weniger ins Auge fallen zu lassen; jeder von ihnen spricht, als hätte er den andern längere Zeit hindurch nicht gesehn. Ich gehöre, nebst Soutzo dem griechischen Collegen, zu den Bevorzugten die auch in der heiligen Woche und ungemeldet Zutritt haben; da passe ich denn doch ziemlich jedesmal auf die Fährte des Franzosen, und meine Frage an den Portier ob „der Botschafter" noch da ist, findet stets eine Antwort die beweist, daß er entweder da war oder erwartet wurde oder Billet-Austausch stattgefunden hat. Gortschakow ist von den Fasten, die er in voller Strenge beobachtet, d. h. nichts genießt was von lebendem Thier herrührt, Fisch und mit Thierkohle geläuterten Zucker eingerechnet, ganz erschöpft; er klagt mir, daß der Franzose ihm in seiner Zudringlichkeit keine Ruhe ließe, dictirt in meiner Gegenwart eine ablehnende Antwort auf Montebellos Verlangen nach einer Unterredung und befiehlt im Nebenzimmer leise und russisch sie nicht abzuschicken. Er fühlt also nach allen Seiten hin das Bedürfniß für weniger französisch gehalten zu werden. In der nächsten Woche denke ich den Feldjäger zurückzuschicken und dann ausführlicher zu schreiben.

Von den Vorgängen in den Provinzen hört man wenig; die Berichte der Adjudanten bleiben streng geheim. Doch verlautet, daß im Gouvernement Astrachan die Truppen gegen die Raskolniks (Sectirer) eingeschritten sind, und 70 Todte auf dem Platze gelassen haben.

Ich weiß nicht, ob zu Ihrer Zeit hier schon die Freundin Adlerbergs*), des alten, Frau von Burghof existirte, im Volk

---

*) Graf Adlerberg I., Minister des Kaiserlichen Hauses.

unter dem Namen Minnawanna, Minna Jwanowna, bekannt.
… Sie hält einen Salon, den ich nicht wohl besuchen kann,
in den ich aber die jungen Herren der Gesandschaft zu gehn
veranlasse. Durch ihre Vermittlung werden Immediatgesuche
bei und durch Adlerberg empfohlen. Das große hiesige Hand=
lungshaus Brandt war dieser Tage bankrott, wenn es nicht
600000 R bekam; es zahlte 20000 an Minna und erhielt sie
aus der Chatulle des Kaisers, oder doch die Bürgschaft, da das
Geld baar von Sr. M. nicht beschafft werden konnte. Auf
demselben Wege ist dem Grafen Bobrinsky, einem achtbaren
Edelmann und großen Rübenzucker=Fabrikanten bei Kiew mit
3 Millionen, zahlbar in 6 Jahren zu ⅙ jährlich unter die
Arme gegriffen worden um ihn zu halten.… Diese Dame
hält unter anderm Namen ein Pariser Mode=Magazin, wo
Leute die ein Gesuch am Hofe haben ein Paar Handschuhe
mit 100 und 500 R bezahlen. Die auswärtige Politik wird
von Gortschakow so gut monopolisirt, daß sie Minna=Adler=
bergischem Einfluß unzugänglich ist, sonst würde ich um er=
hebliche geheime Fonds bitten müssen.

Mir geht es persönlich wohl, besonders nachdem ich wäh=
rend des Eisgangs eine Luftveränderung gesucht und eine Ex=
cursion in die „Berge" von Jngermanland, etwa 10 Meilen
südwestlich, gemacht habe, wo ich außer Auerhähnen, Schnepfen,
Enten, einen in dieser Jahreszeit seltenen Vogel, nemlich einen
Bären von 550 ℔ Gewicht Nachts um 2 Uhr auf dem An=
stande bei einem todten Pferd erlegt habe. Dabei fällt mir
eine große Bitte ein die ich an Sie habe. Mein (nicht politi=
scher) Freund und Herrenhaus=College der Oberbürgermeister
von Cöln, Stupp, hat mir vorigen Sommer im Interesse des
zoologischen Gartens von Cöln geschrieben; ich hoffe er hat den
jugendlichen Auerochsen erhalten, der mir für ihn versprochen
wurde, obschon mir Empfangsanzeige fehlt. Nun habe ich im
Winter als Jagdbeute 2 junge Bären mitgebracht, die mir im

Hause allmählich lästig werden. Sollte der guten Stadt Cöln damit gedient sein, so schicke ich sie für wenige Thaler nach Stettin zur weitern Verfügung. Sie sehn den wohlbeleibten Herrn wohl bei parlamentarischen Vorfällen, und wäre ich sehr dankbar wenn Sie ihn fragen wollen. Besehlen Sie aber die artigen Thierchen als Inventar für den Garten unsres Ministeriums, so haben Sie natürlich die Vorhand, und sie würden durch ihre bärenhafte Possierlichkeit vielleicht gelegentlich eine geschäftsfreie Nachmittagsstunde meines verehrten Chefs erheitern.

Mit aufrichtiger Verehrung

der Ihrige

v. Bismarck.

62.
Bismarck an Minister v. Schleinitz.

Petersburg $\frac{6.\ Mai}{24.\ April}$ 1861.

Nachdem ich gestern Abend Ew. Excellenz telegraphische Weisung erhalten habe, wird der Feldjäger heut Mittag nach Gumbinnen abgehn, und Freitag Abend mit den Depeschen wieder hier sein können. Die Festtage und die vorhergehende strenge Fastenwoche haben bis zu diesem Augenblick einen Stillstand alles geschäftlichen Verkehrs bewirkt; heut und gestern macht jedermann Jedem Besuch, aber niemand nimmt an. Es ist deßhalb schwer etwas sicheres über die Standeserhöhungen und Stellenwechsel zu erfahren, welche erfolgt sind. Graf Bludow, Präsident des Reichsraths, soll zum Fürsten, der bisherige Minister des Innern, Lanskoi, der Eisenbahn-Minister Tscheskin und die Kinder des in der Emancipationssache verdienten verstorbenen Ministers Rostowzow in den Grafenstand erhoben worden sein. Sichrer und wichtiger ist, daß an Lanskoi's Stelle nicht, wie früher erwartet wurde, Miljutin, sondern Walujew Minister des Innern geworden ist. Derselbe war früher Civil-Gouverneur von Kurland, dann bis jetzt Dirigent im Ministerium der Domänen. Miljutin wird Senator, also einstweilen aus dem activen Dienste ausgesondert. Der neue Minister, ein verhältnißmäßig junger Mann, wird zwar zu derselben national-liberalen Parthei gezählt, gehört aber einer gemäßigteren und aristocratischeren Schattirung an als Miljutin, der die äußerste und adelsfeindliche Spitze der Fortschrittsparthei bildete, und dem Großfürsten Constantin persönlich nahesteht. Er beherrschte seinen bisherigen Chef, Lanskoi, vollständig; als formellen Grund seiner Überführung in den Senat bezeichnet man den Umstand, daß er älter im Dienst sei als der neue Minister.

Das Ausscheiden Timaschews aus der Direction der geheimen Cabinets-Polizei und Miljutins aus dem Ministerium, läßt sich unter dem gemeinsamen Gesichtspunkt der Beseitigung extremer Richtungen zusammenfassen. Ob Timaschew sich specielle Versehn oder Vergehn hat zu Schulden kommen lassen, weiß man noch nicht; seine generelle Richtung, die er wenigstens zur Schau trug, war antifranzösisch, antipolnisch und der Verfolgung revolutionärer Symptome vorzugsweise zugewandt. Man erzählt in der Stadt, daß heftige und blutdürstige Reden, die er gegen Lord Napier geführt, von diesem an den Kaiser gebracht seien und Timaschews Entsetzung veranlaßt hätten. Ich führe dieses Gerücht nur als Symptom der Auffassung an welche die Dinge im Publicum finden; ich bin der Unwahrheit der Erzählung ganz sicher... Es liegt gewiß näher anzunehmen, daß der Kaiser durch die Nachrichten aus den Gouvernements bezüglich des Eindrucks der Emancipationsgesetze und durch die Warschauer Vorgänge bestimmt worden ist die Zügel etwas straffer anziehen zu wollen, und werden gewiß mannigfache aristokratische Einflüsse zusammengewirkt haben, um Seine Majestät zu überzeugen, daß die Miljutin'schen Theorieen zu allgemeiner Auflösung führten.

Bei einer kurzen Begegnung die ich gestern mit Frst. Gortschakow hatte, sagte er mir, es seien ihm Anzeigen zugegangen, daß von Paris aus durch Pietri*) und den ihm verwandten neuen Präfekten von Straßburg ein System agitirender Bearbeitung der deutschen Demokratie ins Werk gesetzt worden sei. Bei der Unbestimmtheit der ihm vorliegenden Angaben zieht er, F. G., es vor, Ew. Excellenz die näheren Mittheilungen mündlich durch Budberg machen zu lassen, da er mir keine hinreichend präcisen Thatsachen für schriftliche Meldung zu geben vermöge.

v. Bismarck.

63.

Bismarck an Minister v. Schleinitz.

Vertraulich. Petersburg 15. Mai 1861.

Einige vertrauliche Unterredungen mit Lord Napier gaben mir Veranlassung Ew. Excellenz die nachstehenden Auslassungen dieses meines Collegen mitzutheilen, mit welchem meine persönlichen Beziehungen sich zu meiner Freude ebenso gut gestalten, wie mit seinem Vorgänger.

Er sagt mir daß seine Instructionen eben so sehr wie seine eigenen Ansichten ihn auffordern, an der freundschaftlichen Annäherung Englands und Rußlands zu arbeiten. Er glaubt auch daß er diese Aufgabe werde lösen und den Kaiser Alexander überzeugen können, daß weder die liberale Richtung der englischen Politik noch die Begegnung der Interessen beider Länder im Orient einen Antagonismus ihrer Regirungen bedingen,

---

*) Pietri, Polizei-Präfect von Paris.

und daß namentlich auf dem letzteren Gebiete eine Verständigung sehr wohl möglich sei, nachdem er sich von den friedlichen und aufrichtigen Gesinnungen des Kaisers überzeugt halte. Daß letzteres der Fall ist, scheint mir an sich ein erfreuliches Zeichen. Die nächste Schwierigkeit findet Lord Napier in der Seltenheit der Gelegenheiten den Kaiser zu sprechen. Er könne dieselbe vermindern, indem er häufiger Audienzen verlange; er müsse aber befürchten, dadurch seine Beziehungen zu dem Fürsten Gortschakow, als dem regelmäßigen Träger des geschäftlichen Verkehrs, zu verderben; deßhalb wolle er von der Zeit und von den Ereignissen erwarten, daß sie diesen Minister von der bisherigen Einseitigkeit und Befangenheit, mit der er sein Auge ausschließlich nach Paris richte, heilen oder ihn bei Seite schieben würden. Er hält übrigens die französischen Sympathien des Fürsten für ganz unschädlich, weil sie stets unfruchtbar bleiben würden. Ein russisch-französisches Bündniß mit aggressiven Eroberungs-Plänen sei eine Chimäre, mit welcher man Manchestermänner und andre politische Kinder ängstige. Solange die See nicht von englischen Schiffen gesäubert worden, sei im Orient für russische Interessen die Feindschaft Englands nicht durch die Freundschaft Frankreichs aufzuwiegen. Ein Versuch beider Kaiserreiche, Deutschland zwischen sich zu erdrücken, könnte, abgesehen von der Schwierigkeit des Erfolges, nur Ziele in Aussicht nehmen, nach denen Rußland nicht streben kann; wenn man sich Deutschland von beiden überwunden dächte, so müßte die daraus entstehende unmittelbare Nachbarschaft der unter dem Einfluß eines jeden der beiden Sieger gerathenen Gebiete zur Erneuerung des Conflicts von 1812 führen. Zu so abentheuerliche Bahnen, welche einmal betreten, keine Umkehr zuließen, werde kein Einfluß den Kaiser Alexander zu drängen vermögen. Ich will mir diese Argumentation nicht grade vollständig aneignen; sie geht von der nicht immer zutreffenden Prämisse aus, daß der Politik der Cabinete stets wohlerwogene und weitsichtige Berechnungen zu Grunde liegen. Aber ich bin sehr zufrieden, wenn der hiesige Vertreter Englands nicht unter dem Druck der Gespensterfurcht steht, mit welcher viele seiner Landsleute hinter unverfänglichen Dingen Anzeichen russisch-französischer Welten-Theilungspläne suchen, und stets neues Mißtrauen wecken, welches die Annäherung von England und Rußland hindert.

Napier mißbilligt das Zurückkommen seiner heimathlichen Minister auf die Macdonaldsche Angelegenheit*) unumwunden und hat mir förmliche Entschuldigungen darüber gemacht; er sucht die Motive nicht tiefer, als in einer augenblicklichen boutade Lord Palmerstons und hofft sie werde nun begraben sein. Er meint daß die verletzenden Worte Möllers in England mehr geärgert hätten, als die Behandlung Macdonalds, und jeder englische Minister sei immer noch mehr Engländer als Minister. Er ließ der tactvollen Mäßigung mit welcher Ew. Excellenz in der Kammer und der amtlichen Correspondenz die Sache behandelt haben, die vollste Gerechtigkeit widerfahren.

Die in meinem Bericht vom 20. v. M. berührte Erwartung des Fürsten Gortschakow, daß die französische Politik in Betreff Italiens sich von der englischen trennen werde, scheint sich wiederum nicht zu erfüllen. Der Herzog von Montebello sowie der Fürst erklären jetzt vertraulich, daß ihre desfallsigen Hoffnungen nur auf ihrer beiderseitigen Privat-Correspondenz mit Paris beruht hätten.

Als einen kleinen Beitrag zur Beleuchtung der Beziehungen zwischen hier und Wien erwähne ich noch, daß Fürst Gortschakow mir in diesen Tagen erzählte, Grf. Thun habe ihm gesagt, daß Kaiser Franz Joseph in Warschau den Stephans-

---

*) Macdonald war wegen unpassenden Benehmens gegen eine Dame auf der Eisenbahn in Bonn gerichtlich bestraft worden; Staatsanwalt Moeller hatte sich dabei über das Benehmen der reisenden Engländer im Allgemeinen ausgelassen.

orden in Brillanten für Gortschakow „in der Tasche" gehabt habe. „Da ich mich aber nicht gut aufführte, so nahm er ihn wieder mit nach Wien," setzte Gortschakow hinzu. Diese Vorhaltung ist von Seiten Thun's nicht gut berechnet gewesen, sie hat geärgert, einmal weil der Orden nicht gegeben wurde, und dann weil Thun damit andeutete, daß es für einen Staatsmann in so großem Style von Interesse sein könne, ob er diese Decoration habe oder nicht. Thun hat, wie ich schon früher erwähnte, einen zu ostensiblen Anlauf beim Kaiser und der Umgebung Seiner Majestät gegen den Einfluß Gortschakows genommen. Der Nichterfolg desselben hat ihn gänzlich entmuthigt, und er spricht viel von seinem Rücktritt aus dem Dienst aus diesen und andren Gründen.

v. Bismarck.

64.
Bismarck an Minister v. Schleinitz.

Petersburg 15./3. Juni 1861.

Verehrtester Freund und Gönner

mit Herrn von Gruner habe ich schon des Breiteren über Urlaubs= und Vertretungs=Angelegenheiten correspondirt, und erlaube mir auch direct bei Ihnen meine dessfallsigen Wünsche zu befürworten. Ich würde gern etwas länger, d. h. 6 bis 8 Wochen an Leib, Seele und Geldbeutel mich erholen, falls meine hiesige Vertretung nicht mit erheblich größeren Kosten für mich verbunden ist als in der üblichen Geschäftsträger=Zulage begrenzt sind. Das wäre glaube ich zu erreichen, wenn Harry Arnim das Commissorium bekäme; ein Vertreter mit althergebrachten Gesandten=Ansprüchen fällt schwerer auf den Beutel ohne in den Geschäften mehr als Harry zu leisten. Wenn Croy, wie ich überzeugt bin, um weiteren Urlaub einkommt, so könnte ihn Arnim vertreten. Geht das nicht, so halte ich Schlözer jedenfalls für befähigt, die Geschäfte einige Wochen zu führen; gelingt ihm die Probe nicht nach Wunsch, so kürze ich dann meinen Urlaub ab, oder füge mich ohne Murren jeder andern Einrichtung. Scheidet Croy hier ganz aus, so würde es mir kaum gerecht scheinen, seine Stelle einem andern als Schlözer zu geben, der dann hier als Specialität ziemlich lange bleiben könnte. Alle Intercessionalien und sonstigen nicht politischen Geschäfte, soweit ich sie nicht selbst mache, leistet Schlözer, und ich halte ihn für ganz unentbehrlich, so lange nicht neben ihm ein ebenso fleißiger und gewissenhafter Arbeiter für den hiesigen Platz angelernt ist und sich dieselbe Personal= und Sachkunde erworben hat, die Schlözer jetzt in großem Umfange besitzt. Ich habe keine andern als sachlichen Gründe ihm das Wort zu reden, denn im Anfang lebten wir in offener Feindschaft; seine Tüchtigkeit und Pflichttreue hat mich erst entwaffnet. Bei Gortschakow ist er persönlich gut angeschrieben, und der würde ihm die Geschäftsführung ebenso erleichtern, wie er sie Croy erschwert.

In Moskau hat der Adel eine boudirende Haltung an= genommen, die Stadt kurz vor Ankunft des Kaisers in der Mehrzahl verlassen, nur etwa dreißig Damen sind am Hofe erschienen. Denen welche ihre abwesenden Standesgenossen beim Kaiser entschuldigen wollten, hat Seine Majestät ge= antwortet: „Ich freue mich, daß die Herren auf ihre Güter gegangen sind, wenn sie das früher gethan hätten, so wären alle Verhältnisse besser." Die Executionen und Füsilladen häufen sich übrigens, und in vielen Gouvernements fehlt es an Truppen, um Gehorsam zu erzwingen. Manche Herrn wagen nicht auf ihre Güter zu gehn, z. B. Graf Chreptowitsch, Dmitry Nessel= rode und Andre. Der alte Kanzler trinkt in diesem Jahre seinen Kissinger hier, um dabei den Ankauf der Moskauer Bahn durch die grande société, deren starker Actionär er ist, zu betreiben. Der Plan seinen Schwiegersohn Seebach*) als Director bei diesem Institut mit 100000 frcs Gehalt zu placiren, ist gescheitert, und Beust zornig daß sein Gesandter sich darum beworben hat und eigends deßhalb hergereist ist. Thun war einige Tage in Moskau; wenn es wahr ist daß er, wie er sagt, nur zu seinem Vergnügen hinging, so hat er seinen Zweck verfehlt, denn er hat die ganze Zeit im Gasthof an Dyssenterie krank gelegen.

Ich durchsuche alle Zeitungen eifrig nach sicheren Angaben über die Huldigungsfeier, der ich doch, wenn es sich dienstlich einrichten läßt, als S. M. getreuer Vasall oder staatsbürgerlicher Unterthan gern beiwohnen möchte. Nach den letzten offiziösen Andeutungen scheint sie bis zum September vertagt werden zu sollen, während die Kölnische Zeitung behauptet, daß sie schon übermorgen in Königsberg stattfinden und Seine Majestät am 26. in Berlin zurückerwartet wäre; dann könnte ich allerdings in Königsberg nicht mehr dazu kommen eine passende Decoration des Moscowiter=Saales ab=zugeben.

Die Reise des Kaisers wird sich um einige Tage verlängern; statt des 9/21 ist schon der 13/25 in Aussicht genommen; man spricht sogar von dem Plan Sr. Maj. sich persönlich in einige der unruhigen Gouvernements südlich und östlich von Moskau zu begeben. Der spätere Aufenthalt in der Krim gilt noch immer für feststehend, auch die Begleitung Gortschakows dahin, die mit einer Stagnation der politischen Geschäfte hier gleichbedeutend sein würde.

Es scheint Thatsache, daß durch ganz Rußland ein großer Theil der Sommerfelder, wegen Arbeitseinstellung der Bauern, unbesäet geblieben ist. Sachverständige Kornhändler fürchten aber deßhalb keinen Mangel für dieses Jahr, weil die alten

---

*) Frhr. von Seebach, Königlich Sächsischer Gesandter in Paris.

Vorräthe im Innern und die Erndte der Wintersaat den Bedarf decken.

Ich würde, wenn nicht eine Nachricht über die Huldigung mich wünschen läßt früher zu reisen, den Urlaub den ich von Ihrer Güte erwarte, gern in etwa 3 Wochen, Anfang Juli, antreten, wegen der Seebade-Saison, und schwanke eventuell noch zwischen Ost- und Nordsee; Frerichs wird darüber entscheiden. In spätestens 4 Wochen hoffe ich also in Stand gesetzt zu sein, Ihnen mündlich den Ausdruck freundschaftlicher Verehrung zu überbringen mit der ich bin

Ihr
aufrichtig ergebener
v. Bismarck.

Meine Familie ist schon in Pommern, und ich lebe als garçon.

65*).

Minister v. Schleinitz an Bismarck.

Berlin den 21. Juni 1861.

Mein lieber Bismarck.

Je mehr alte Unterlassungssünden ich gegen Sie auf dem Gewissen habe, um so mehr Werth lege ich darauf, mir nicht noch eine neue aufzubürden, und beeile mich daher, Ihnen auf Ihre freundlichen Zeilen vom 15. d. M. eine Erwiederung zugehen zu lassen. Ich begreife vollkommen die vielfachen und wohlbegründeten Motive, die es Ihnen wünschenswerth machen, Ihrer nordischen Residenz für eine Zeitlang den Rücken zu kehren, und werde dieselben daher sofort zur Kenntniß S. Majestät

---

*) Anhang zu den Gedanken und Erinnerungen von Otto Fürst v. Bismarck Bd. II, S. 331.

des Königs bringen und auf das Wirksamste befürworten. Die Stellvertretungsfrage wird sich hoffentlich auf eine befriedigende Weise erledigen lassen. Croy hat sich zwar trotz der Krankheit seines Vaters mit patriotischer Hingebung zu sofortiger Rückkehr nach Petersburg bereit erklärt, falls dies erforderlich sein sollte, ich habe mich jedoch bemüht, diesen edlen Eifer in möglichst schonender Weise abzukühlen, wie Sie dies aus dem Ihnen abschriftlich mitgetheilten Erlaß an den westphälischen Ritter de Lorge ersehen haben werden. Ich hoffe auch, daß Schlözer für ein nicht zu langes Interimisticum vollkommen genügt und daß daher neben den landüblichen Stellvertretungskosten Ihnen keine weiteren Opfer aus Ihrer urlaubsweisen Abwesenheit erwachsen werden. — Die afrikanische Temperatur, unter der wir seufzen, herrscht hier augenblicklich nicht blos in der äußern Natur vor, sondern weht sciroccoartig auch in den gouvernementalen Regionen, innerhalb welcher sich demzufolge entschiedene Symptome zunehmender Schwäche und bevorstehender Auflösung zu erkennen geben. Doch betrifft dies lediglich Interna, auf die mir nicht gestattet ist hier näher einzugehen.

In der auswärtigen Politik geht es dagegen augenblicklich nicht eben stürmisch zu. Nur der langjährige Krebsschaden unserer Politik, die vermaledeite Schleswig-Holstein-Lauenburgische Frage macht uns mit Recht Sorge und periodischen Kopfschmerz. Die Ihnen bekannte Idee, durch die der Hallschen Depesche vom 22. März entsprechende Erklärung wegen des Budgets vorläufig um die Klippe der Execution wegzukommen, scheint doch in Copenhagen auf einige Schwierigkeit zu stoßen. Man glaubt dort offenbar, vielleicht nicht mit Unrecht, daß der Augenblick zu einer Unterhandlung über das Definitivum unter den Auspicien der Europäischen Mächte in dänischen Interesse ein günstiger ist, und bringt daher den Incident-Punkt, um den es sich pro tempore doch ausschließlich handelt, mit der Regulirung des Definitivums in eine untrennbare und völlig ungerechtfertigte, ja wie mir scheint, unmögliche Verbindung. Leider wird das dänische Cabinet in diesem Bestreben wesentlich durch England unterstützt, das gleichfalls auf die definitive Regulirung auf dem Wege Europäischer Conferenzen wahrhaft versessen ist. Auch in Petersburg scheint man sich für das Zustandekommen der uns mißliebigen Conferenzen lebhaft zu interessiren, was vielleicht zum Theil dem Feuereifer des Herrn v. Mohrenheim*) zuzuschreiben ist, der, wie mir vorkommt, sich an diesen Conferenzen die Sporen verdienen möchte. Wie wir um die fatale Execution wegkommen wollen, falls Dänemark auf die ihm suppeditirte Idee überhaupt nicht oder nicht in einer acceptablen Weise eingeht, ist mir zwar nicht deutlich, indessen bin ich überzeugt, daß jedenfalls vor Ausführung der Execution eine zunächst diplomatische Intervention der Europäischen Mächte derselben ein unübersteigliches Hinderniß zu bereiten suchen wird. Ich bin zwar ganz damit einverstanden, daß wir den Europäischen Conferenzen möglichst entgegenzuarbeiten haben werden, allein ich gestehe, daß ich für meine Person deren Zustandekommen nicht als so absolut nachtheilig und unannehmbar betrachten kann, als dies ziemlich allseitig geschieht. Weigern wir uns ganz unbedingt auf solche Conferenzen einzugehen, so sind wir offenbar der Gefahr ausgesetzt, daß die andern Mächte sich um so leichter hinter unserm Rücken nicht blos ohne uns sondern gegen uns verständigen. Etwas Schlimmeres könnte auch das Ergebniß einer Conferenz kaum sein.

Die Huldigungsfrage bildet nach wie vor eine große Schwierigkeit, da die Meinung S. Majestät des Königs und der Mehrzahl seiner Räthe über den der Feier zu gebenden Inhalt von einander abweicht. Wie dem indessen sei — so viel läßt sich wohl schon jetzt mit Sicherheit sagen, daß der Akt der Huldigung

---

*) Rußlands Vertreter in Kopenhagen.

nicht vor dem Herbst (Anfang October) wird stattfinden können. Ihr Wunsch, Sich dabei, sei es als getreuer Vasall sei es als Staatsbürger, zu betheiligen wird Sie indeß wie ich hoffe nicht abhalten, Ihren Urlaubsgedanken schon früher Folge zu geben.

Der König beabsichtigt, wenn die Lage der Geschäfte es erlaubt, Ende dieses oder Anfangs des nächsten Monats von hier abzureisen, ohne Zweifel zunächst nach Baden, wo S. Majestät Kissinger Brunnen zu trinken beabsichtigt. Sobald Ihnen Allerhöchsten Orts der Urlaub bewilligt ist, werde ich Sie telegraphisch davon benachrichtigen, um Ihnen die Möglichkeit zu gewähren in kürzester Frist Petersburg zu verlassen. Schließlich will ich Ihnen noch für Ihre wiederholten Privat=Mittheilungen im Laufe des verwichenen Frühjahrs meinen wärmsten Dank sagen, was freilich längst hätte geschehen sollen. Sie haben durch die darin enthaltenen zahlreichen und interessanten Notizen und die ihnen beigegebene humoristische Würze nicht blos mir, sondern auch unserm Allergnädigsten Herrn, dem ich mich für ermächtigt gehalten habe, auch von dem Inhalt Ihrer Privat=Correspondenz Mittheilung zu machen, inmitten einer schwülen und schweren Zeit hin und wieder ein heiteres Intermezzo vorgeführt, für das wir stets ebenso empfänglich als erkenntlich gewesen sind.

Mit aufrichtiger Freundschaft

herzlich der Ihrige

Schleinitz.

66.
Bismarck an Minister v. Schleinitz.

Petersburg 28/16. Juni 1861.

Verehrtester Freund

Obschon ich den dürftigen Stoff welchen mir der Augenblick zu Mittheilungen darbietet, zu einigen nüchternen Be=

richten vollständig versponnen habe, so kann ich doch den Adler nicht abgehen lassen ohne Ihnen meinen herzlichen Dank für die freundlichen Zeilen zu sagen welche mir der letzte Courier von Ihrer Hand brachte. Die Einsamkeit in welcher ich mich nach Abreise meiner Familie in dieser von allen reisefähigen Leuten verlassenen Residenz befinde, macht mir Heimweh, und ich bin daher doppelt erfreut über die Aussicht, welche Sie mir auf baldige Urlaubsbewilligung eröffnet haben.

Der Kaiser ist in Zarskoe, manövrirt täglich in Krasnoe Selo, wo das Lager steht, und ist für unsereinen unzugänglich, während Grolmann*), der als letzter Nachzügler der persischen Expedition gestern hier eintraf, in der Lieutenantsuniform schon heut in die allerhöchste Gegenwart vorgedrungen ist. Ich wüßte indeß auch nicht, welchen politischen Vortheil ich augenblicklich von einer Audienz bei Seiner Majestät ziehen sollte; das einzige Eisen, das wir im Feuer haben, ist Schleswig-Holstein, und das ist nicht nur dem Kaiser, sondern auch Gortschakow eine terra incognita, wenigstens bürdet der letztere jede Besprechung der Sache nach Möglichkeit auf den alten Baron Sacken ab, der unter Herrn von Gruners Vater in der Central-Commission von 1814 seine politischen Studien gemacht hat, und seitdem als Specialität für alle verwickelten deutschen Fragen gilt, jetzt aber zu meinem Leiden zwei Meilen von hier auf dem Lande wohnt.

Ich würde es für kein Unglück halten, wenn wir uns in der Art auf die Conferenz einließen, daß wir in Betreff Holsteins die Competenz des Bundes reservierten, den Schleswigschen Zipfel der Frage aber den Mächten zum Verhandeln vorhielten; wird an demselben die ganze Sache zur Besprechung gezogen, so können wir ja die Saiten so hoch spannen, daß es keine Harmonie giebt, und der Feuereifer Oestreichs für

---

*) von Grolmann, Premier-Lieutenant im 3. Garde-Rgt. z. F.

Schleswig-Holstein, nebst der hinter uns stehenden zweiten Instanz in Gestalt des Bundes, werden eine „dilatorische Behandlung" der Sache, wie wir in Frankfurt sagten, sehr erleichtern. Rechberg wird gewiß das Seinige thun, um zu hindern daß uns dieses Päckchen definitiv von den Schultern genommen werde. Im Allgemeinen sage ich mir stets, daß eine befriedigende Lösung der Gesammtfrage nur in dem Falle zu erwarten ist, wenn einmal in bewegten Zeiten, wo die Zustände flüssiger werden, Preußen zu einer günstigen Machtstellung gelangt. In einem solchen Moment würden wir uns aber an solche nachtheiligen Abmachungen, welche inzwischen über die Herzogthümer etwa getroffen worden wären, nicht weiter zu kehren brauchen. Die Verträge gehn heut zu Tage schnell durch mannigfache Wandlungen, eine Kriegserklärung hebt einen jeden auf, und wer dann das Kreuz in die Hand bekommt, der segnet sich. Sind nicht die Londoner Conferenz-Beschlüsse von 1852 eigentlich schon heut obsolet, so daß die Nothwendigkeit sie zu modificiren allseitig anerkannt ist? Warum sollten solche von 1862 oder später dauerhafter gearbeitet sein? Das Schicksal des Friedens von Zürich beweist auch, daß Verträge nicht die Welt beherrschen. Der alte Metternich hat mit viel Geschick den Aberglauben verbreitet, daß die vertragsmäßige Gestaltung die zu seiner Genugthuung aus dem Wiener Congreß hervorging, für die Ewigkeit gültig sei und daß Verträgen von 1815 ein besondrer, allen andren Jahrgängen nicht eigner, Grad von Heiligkeit beiwohne. Wir hatten unsrerseits weniger Ursache uns dieses Glaubens zu getrösten. Mein College Thun wurzelt so fest in den Traditionen des alten Bundes gegen westmächtlichen Liberalismus, daß er mir heut sein bittres Leid klagte, über die Zunahme persönlicher Intimität zwischen Napier und Gortschakow, und über eine gewisse Affectation des letzteren, bessere Beziehungen zu England anstreben zu wollen. Ich habe in letztrer Beziehung leider noch wenig practische Fortschritte wahrgenommen, und bemühe mich jeden Keim dazu zu pflegen, mit Ausnahme derer die auf dänischem Boden wachsen, dem einzigen Gebiet auf welchem sich England und Rußland bisher in erkennbarem Einverständniß bewegen. Eine thatsächliche Emancipation Gortschakows von der französischen Anlehnung macht sich in der Donaufürstenthümer-Frage zunächst fühlbar; doch hofft er Frankreich zu sich hinüberzuziehn. In Sachen der italiänischen Anerkennung hat er jetzt einen schwierigen Stand bei dem Kaiser, dem er nicht, wie mir, versuchen kann vorzuspiegeln, daß zwischen der italiänischen Politik Frankreichs und Rußlands die Fühlung und ein gewisses höheres Einvernehmen, seit Abberufung der beiderseitigen Gesandten in Turin, niemals verloren gegangen sei. Der Kaiser indessen, obschon er sich au courant der auswärtigen Geschäfte hält, entschließt sich nicht leicht zu tieferem und anhaltendem Eingehen auf dieselben; sein Bedarf an amtlicher Thätigkeit ist vollständig gedeckt durch die militärischen und die inneren Angelegenheiten, wie letztere durch den Großfürsten Constantin und dessen politischen Generalstab der höchsten Stelle zugeführt werden.

Die sporadischen Unordnungen unter der bäuerlichen Bevölkerung fahren fort, werden aber überall mit Erfolg unterdrückt. Viele Felder sind unbesäet geblieben, doch nicht in dem Maaße daß Mangel an Korn in großer Ausdehnung zu besorgen stände. Wohl aber dürfte zur Ausfuhr weniger als sonst erübrigen, und auf dem Wege neue Verschlechterungen des Geldcurses eintreten. Die vorherrschende Tagesfrage ist augenblicklich die der Eisenbahnen; ob die südliche, nach dem Schwarzen Meer, gebaut, und der großen Gesellschaft die Garantie der Verzinsung auf 84000 R statt 60000 per Werst gewährt werden soll. In den desfallsigen Conseil-Sitzungen versicht Graf Nesselrode den Vortheil der Actionäre, als stark betheiligter, Gortschakow vertheidigt Staats- und Landesinteressen.

Die Vielseitigkeit des letzteren, sein guter Ruf in Geldsachen und seine eminente Befähigung und Arbeitskraft machen ihn für den Kaiser zu einem unentbehrlichen Schilde gegen das directe Andringen eines Heeres von Sorgen und lästigen Geschäften. Es ist niemand da, der an seiner Stelle dasselbe leisten würde, und deßhalb wird der anscheinende politische Gegensatz zwischen Kaiser und Minister, wenn er in letzter Instanz auch wirklich principiell vorhanden sein sollte, doch die Stellung des letztern schwerlich erschüttern.

Wenn ich durch Ihre Güte im Laufe der nächsten Woche Nachricht von der Urlaubsbewilligung erhalte, so könnte ich vielleicht schon heut über 8 Tage, oder doch mit dem folgenden Lübecker Schiffe, abreisen. Für die vorläufige Ordnung der Vertretung nach meinem Wunsche bin ich sehr dankbar, und scheint Gortschakow nach seinen Reden an Schlözer gut machen zu wollen was er Croy Uebles gethan hat.

Mit aufrichtiger Verehrung

der Ihrige

v. Bismarck.

Hier bricht der Briefwechsel ab. — Es folgten die längere Beurlaubung Bismarcks und das Ausscheiden des Ministers v. Schleinitz aus dem Auswärtigen Ministerium, im Frühjahr 1862 die Rückberufung Bismarcks von Petersburg, seine Ernennung zum Gesandten in Paris und im Herbst desselben Jahres zum Minister.

Verlag der J. G. Cotta'schen Buchhandlung Nachfolger
Stuttgart und Berlin

Gedanken und Erinnerungen von Otto Fürst von Bismarck. Zwei Bände. Mit einem Porträt des Fürsten nach Franz von Lenbach. In zwei Leinenbänden 20 Mark. Liebhaber-Ausgabe auf getöntem Velinpapier in zwei Halbfranzbänden 30 Mark

Kaiser Wilhelm I und Bismarck. Mit einem Bildnis des Kaisers und 22 Briefbeilagen in Facsimiledruck. Geheftet 8 Mark 50 Pf. In Leinenband 10 Mark. Liebhaber-Ausgabe auf getöntem Velinpapier in Halbfranzband 15 Mark. (Anhang zu den Gedanken und Erinnerungen von Otto Fürst von Bismarck, Band I)

Aus Bismarcks Briefwechsel. Geheftet 8 Mark 50 Pf. In Leinenband 10 Mark. Liebhaber-Ausgabe auf getöntem Velinpapier in Halbfranzband 15 Mark. (Anhang zu den Gedanken und Erinnerungen von Otto Fürst von Bismarck, Band II)

Fürst Bismarcks Briefe an seine Braut und Gattin herausgegeben vom Fürsten Herbert Bismarck. Mit einem Titelbild der Fürstin nach Franz von Lenbach und 10 weiteren Porträtbeilagen. Geheftet 6 Mark. In Leinenband 7 Mark 50 Pf.

Bismarcks Briefe an seine Gattin aus dem Kriege 1870—71. Mit einem Titelbild und einem Brief-Facsimile. Geheftet 2 Mark. In Leinenband 2 Mark 80 Pf.

Briefwechsel des Generals Leopold von Gerlach mit dem Bundestags-Gesandten Otto von Bismarck. Dritte Auflage. Geheftet 5 Mark. In Leinenband 6 Mark. In Halbfranzband 6 Mark 50 Pf.

Bismarcks Briefe an den General Leopold von Gerlach. Mit Genehmigung Sr. Durchlaucht des Fürsten von Bismarck neu herausgegeben von Horst Kohl. Geheftet 6 Mark. In Halbfranzband 8 Mark

Wegweiser durch Bismarcks Gedanken und Erinnerungen. Von Horst Kohl. Mit einem Porträt des Fürsten nach Franz von Lenbach. Geheftet 4 Mark. In Leinenband 5 Mark

Die politischen Reden des Fürsten Bismarck. Historisch-kritische Gesamt-Ausgabe besorgt von Horst Kohl. Vierzehn Bände. Mit einem Porträt des Fürsten nach Franz von Lenbach. Geheftet 108 Mark 50 Pf. In Halbfranzband 136 Mark

Bismarckreden 1847—1893. Herausgegeben von Horst Kohl. Dritte Auflage. Geheftet 5 Mark. In Halbfranzband 6 Mark 75 Pf.

Fürst Bismarck. Sein politisches Leben und Wirken urkundlich in Tatsachen und des Fürsten eigenen Kundgebungen dargestellt von Ludwig Hahn. Vollständige pragmatisch geordnete Sammlung der Reden, Depeschen, wichtigen Staatsschriften und politischen Briefe des Fürsten. Fünf Bände. Geheftet 55 Mark. In Leinenband 62 Mark 50 Pf.

Bismarck-Jahrbuch. Herausgegeben von Horst Kohl. Sechs Bände. Geheftet 56 Mark. In Halbfranzband 68 Mark. Erster Band. Geheftet 10 Mark. In Halbfranzband 12 Mark. Zweiter Band. Geheftet 12 Mark. In Halbfranzband 14 Mark. Dritter Band. Geheftet 10 Mark. In Halbfranzband 12 Mark. Vierter bis Sechster Band. Geheftet je 8 Mark. In Halbfranzband je 10 Mark

Aus Bismarcks Familienbriefen. Auswahl für die Jugend zusammengestellt und erläutert von H. Stelling. (Sammlung Cotta'scher Schulausgaben.) In Leinenband 1 Mark

Verlag der J. G. Cotta'schen Buchhandlung Nachfolger
Stuttgart und Berlin

A. von Boguslawski, Aus der preußischen Hof- und diplomatischen Gesellschaft

I. Aus der preußischen Hofgesellschaft. 1822—1826. II. Ernestine von Wildenbruch. 1805—1858. Mit zwei Porträts. Geheftet 5 Mark. In Leinenband 6 Mark

Eleonore von Bojanowski, Louise, Großherzogin von Sachsen-Weimar und ihre Beziehungen zu den Zeitgenossen

Nach größtenteils unveröffentlichten Briefen und Niederschriften. Mit einem Porträt. Geheftet 7 Mark 50 Pf. In Leinenband 9 Mark

Anna Caspary, Ludolf Camphausens Leben

Nach seinem schriftlichen Nachlaß dargestellt. Mit Camphausens Bildnis. Geheftet 8 Mark. In Leinenband 9 Mark

Reinhold Koser, Friedrich der Große als Kronprinz

Zweite Auflage. Geh. 4 Mark. In Halbfranzband 5 Mark 50 Pf.

Reinhold Koser, König Friedrich der Große

Zwei Bände. Geheftet 22 Mark. In Halbfranzband 26 Mark (Band I. dritte Auflage, Band II. zweite Auflage)

Freiherr von Mittnacht, Erinnerungen an Bismarck

Sechste Auflage. Geheftet 1 Mark 50 Pf. In Leinenband 2 Mark

Reprint Publishing

Für Menschen, Die Auf Originale Stehen.

Bei diesem Buch handelt es sich um einen Faksimile-Nachdruck der Originalausgabe. Unter einem Faksimile versteht man die mit einem Original in Größe und Ausführung genau übereinstimmende Nachbildung als fotografische oder gescannte Reproduktion.

Faksimile-Ausgaben eröffnen uns die Möglichkeit, in die Bibliothek der geschichtlichen, kulturellen und wissenschaftlichen Vergangenheit der Menschheit einzutreten und neu zu entdecken.

Die Bücher der Faksimile-Edition können Gebrauchsspuren, Anmerkungen, Marginalien und andere Randbemerkungen aufweisen sowie fehlerhafte Seiten, die im Originalband enthalten sind. Diese Spuren der Vergangenheit verweisen auf die historische Reise, die das Buch zurückgelegt hat.

ISBN 978-3-95940-010-7

Faksimile-Nachdruck der Originalausgabe
Copyright © 2015 Reprint Publishing
Alle Rechte vorbehalten.

www.reprintpublishing.com